Copyright © 2024 por Fred Elboni

Todos os direitos reservados. Nenhuma parte deste livro pode ser utilizada ou reproduzida sob quaisquer meios existentes sem autorização por escrito dos editores.

edição: Clarissa Oliveira
preparo de originais: Sheila Louzada
revisão: Juliana Souza e Rafaella Lemos
projeto gráfico e diagramação: Miriam Lerner | Equatorium Design
capa: Filipa Pinto
Originalmente publicado pela Sextante, em 2019.

CIP-BRASIL. CATALOGAÇÃO NA PUBLICAÇÃO
SINDICATO NACIONAL DOS EDITORES DE LIVROS, RJ

E39c Elboni, Fred

Coragem é agir com o coração/ Fred Elboni. Rio de Janeiro: Sextante, 2019.

144 p., 14 x 21 cm

ISBN 978-65-85044-14-1

1. Coragem. 2. Motivação (Psicologia). 3. Autorrealização (Psicologia). I. Título.

19-58705   CDD: 153.8
                                        CDU: 159.947

SUMÁRIO

Introdução 7

Capítulo 1: Todo mundo quer ser aceito 15

Capítulo 2: A vulnerabilidade e o poder de um sorriso 35

Capítulo 3: Sensibilidade não é fraqueza 59

Capítulo 4: Quando coisas ruins acontecem 79

Capítulo 5: Como lidar com pessoas tóxicas 97

Capítulo 6: Seja seu melhor amigo 115

Palavras finais 131

Sugestões de livros e outras mídias 139

INTRODUÇÃO

Por causa do meu trabalho, tenho a sorte de estar sempre interagindo com muitas pessoas. E se tem um prazer que me define (além de comer carboidratos e brincar com o meu cachorro) é passar horas a fio conversando com alguém. Uma boa história me proporciona uma satisfação única, me toca profundamente – deve ser por isso que me tornei escritor. Além disso, muitas vezes me vejo nas histórias de vida de outras pessoas e acabo refletindo sobre minhas próprias questões.

Nos meus eventos, palestras e lançamentos de livros, é comum as pessoas me procurarem depois para bater um papo. Também recebo muitas mensagens pelas redes sociais, sejam abertas ou privadas. Em todas essas interações, elas falam como se fôssemos amigos de longa data – e quem disse que não somos? Não raro sinto como se já nos conhecêssemos.

Nesses momentos, tenho a oportunidade de escutar relatos bastante íntimos, desabafos abertos e sinceros. Sem pudores, as pessoas falam para mim o que provavelmente não contam nem para os melhores amigos, o namorado, a esposa. Quase sempre elas dizem assim: "Fred, estou te contando essas coisas porque sei que você vai me entender." Confesso que adoro ouvir isso, mas à noite, quando coloco a cabeça no travesseiro, fico pensando: por que será que é tão difícil se abrir com aqueles que estão mais próximos?

Suspeito que esse impulso de desabafar surja justamente por eu ser alguém de fora do contexto dessas pessoas, de seu convívio cotidiano. Por conhecerem meus livros ou meu canal no YouTube, elas sabem que vou recebê-las de peito aberto, mas depois não ficarei lá para fazer cobranças ou censuras. Provavelmente eu represento um porto seguro, alguém para quem podem confessar suas verdades, suas "loucuras", sem correrem nenhum risco; afinal, no dia seguinte já estarei em outra cidade, não nos encontraremos novamente. É como se pensassem: "Ufa, ele vai levar meu segredo para bem longe daqui."

E o que toda essa gente tanto fala comigo? De tudo um pouco, mas, se eu precisasse resumir em poucas palavras, seria o seguinte: elas falam sobre suas inseguranças. Sobre a sensação de não serem boas o bastante.

As angústias que mais ouço costumam girar em torno destas questões:

Como escolher uma profissão pouco convencional ou que não atende às expectativas da minha família?

Como assumir minha sexualidade para o mundo?

Como expressar, em palavras e em atitudes, o que realmente sinto ou o que desejo da vida?

Como terminar meu relacionamento sem magoar o outro e sem ter medo de ficar sozinho?

Como admitir que estou carente/ triste/ zangado/ com tesão…?

Às vezes tem a ver com status ou dinheiro. Ou com alguma questão relativa à aparência: *Não sou magra o suficiente. Não sou forte o suficiente. Não sou atraente o suficiente.* Às vezes, é algo totalmente aleatório: *Não sou culto o bastante* ou *Não tenho carimbos no passaporte*. Muitas vezes tem a ver com um amor que não acontece ou um relacionamento que vai mal, seja namoro, casamento, rolo. Ou com as dificuldades de gostar de algo que os amigos desprezam, um sonho louco, uma tristeza sem motivo aparente, etc. (e são vários *et ceteras*).

Para algumas pessoas, esses problemas podem parecer bobagem, frescura ou mesmo algo simples de se resolver, mas, para outras, é o que as aprisiona em um eterno carrossel de medo e sofrimento.

Se não se sentem à vontade em dividir suas angústias com ninguém próximo, é porque isso demonstraria fraqueza. O mundo cobra que sejamos fortes e certeiros nas nossas decisões, como se todas as outras pessoas estivessem seguras das próprias escolhas, dos próprios amores, dos próprios sonhos. O pensamento é mais ou menos assim: "Existe um jeito certo ou melhor de ser e de agir, e eu não sou nem ajo dessa maneira, então, para não ser rejeitado, vou esconder minhas inseguranças. Talvez assim eu me sinta melhor." Desse modo, afundamos em dilemas por não nos encaixarmos no padrão que aceitamos como o certo. E isso nos torna solitários. Como se fôssemos anormais em um mundo cheio de gente normal.

Mas será que somos mesmo tão anormais? Porque eu mesmo já lutei muito contra a solidão, contra o medo da rejeição e contra várias outras inseguranças... E se tantas outras pessoas dizem passar pela mesma coisa, será que não somos maioria, só que ninguém confessa isso?

Também temos medo de ser e de mostrar ao mundo quem realmente somos por não querermos parecer bobos ou sentimentais. Mesmo quando nossa verdade é bonita e profunda. Sentimos que, se admitirmos o que gostamos de fazer, quais são nossos hobbies e sonhos, os fetiches que temos na cama ou as loucuras que carregamos dentro de nós, a sociedade não nos aprovará e nunca seremos aceitos. Expressar-se de forma autêntica, inteira – ou seja, com todas as nossas peculiaridades e, sim, também com nossos defeitos –, é mesmo assustador.

Quando falo no "medo de ser quem somos", não me refiro necessariamente a desejos e hobbies excêntricos, mas a coisas simples, que apenas não são tão conhecidas, que fogem das expectativas da família ou do nosso círculo de amizades. Por exemplo, sonhar em viajar o mundo só com uma mochila nas costas, querer fazer um monte de tatuagens, gostar de tricotar, se interessar por morcegos, querer transar na pia da cozinha (cheia de louça por lavar) ou simplesmente aproveitar o tempo livre para desenhar em vez de sair para tomar chope com os amigos.

Estamos todos no mesmo carrossel. Talvez o problema central seja diferente, certamente as angústias e os questionamentos são individuais, mas a música tocando ao fundo é a mesma: *Você não é normal... não é bom o suficiente. Precisa ser mais bonito, mais rico, mais bem-sucedido, mais popular para ser aceito e, assim, ser feliz.*

Eu conheço bem essa música porque já estive nesse lugar, andando em círculos. Durante vários anos, desde a infância, me senti deslocado e fiz de tudo para ser aceito. Na verdade, ainda luto com algumas questões, mas aprendi com amigos, leitores, seguidores e frequentadores das minhas palestras que a conexão que acontece quando baixamos a guarda é transformadora. Afinal, se a vulnerabilidade do outro me emociona, será que a minha também não pode ter o mesmo efeito sobre ele?

Por isso resolvi escrever este livro. Não sou psicólogo nem guru; não tenho respostas ou soluções prontas. Aprendi ouvindo e observando as pessoas à minha volta, sofrendo minhas próprias inseguranças, mergulhando no meu íntimo, e também com livros, palestras e outros conteúdos que auxiliam no autoconhecimento. E talvez esteja na hora de compartilhar o que venho pensando e sentindo sobre algo que enxergo como um grande problema do nosso tempo: o medo da rejeição e a fuga de sentimentos negativos para tentar se encaixar numa vida pseudossegura, falsa e sem conexões profundas.

Neste livro, vou falar sobre coragem, vulnerabilidade, autenticidade, autocompaixão e a sensibilidade que nos abre para o mundo e para nós mesmos. Resolvi me expor mais do que seria confortável – sair da minha zona de conforto, como os livros de autoajuda recomendam – e também compartilhar histórias de pessoas reais que me confidenciaram suas inseguranças. Quero falar sobre o menino que fui, o adolescente que começou a pensar em formas de lidar com as próprias angústias, as dores e as conquistas que vivi até me tornar o adulto que sou hoje, sempre buscando e aprendendo a me aceitar, a desenvolver o amor-próprio e a estabelecer uma conexão cada vez mais profunda com as belezas da vida.

Enquanto não sairmos dessa trajetória circular, continuaremos sem chegar a lugar algum e, o que é mais grave, sem nos conectar verdadeiramente uns com os outros. Sei que não estou sozinho nesta jornada, e espero que, ao meu lado, você encontre inspiração e coragem para dar passos cada vez mais seguros rumo à pessoa que sua alma quer ser.

Capítulo 1
TODO MUNDO QUER SER ACEITO

Quase todo mundo tem uma lembrança de um episódio doloroso de rejeição ou de não aceitação. A minha mais antiga é de quando eu tinha 7 anos. Minha mãe e eu havíamos nos mudado de São Paulo, onde nasci, para a cidade natal dela, Blumenau, logo após meus pais se separarem. Eu deixei para trás uma rotina conhecida em família, rodeado de amigos, para morar só com minha mãe, longe do meu pai, num lugar estranho, com pessoas desconhecidas.

Minha primeira impressão de Blumenau foi de que era uma cidade mais fria em todos os sentidos. Sem amigos na vizinhança ou no colégio, eu me senti perdido, sem referências. Quem seriam meus novos colegas, com quem eu iria brincar ou fazer um lanche na hora do recreio?

Nos primeiros dias de aula, fiquei em silêncio, apenas observando a movimentação, tentando identificar onde eu poderia me encaixar, quem seriam meus possíveis amigos e as pessoas a quem eu poderia contar as coisas que passavam na minha cabeça. Sentei na terceira fileira, na esperança de que, ficando no meio, fosse mais fácil ser visto, me integrar e me enturmar.

Tentei conversar algumas vezes com uma menina que sentava ao meu lado, depois com o menino de cabelos compridos atrás de mim, mas os olhares pouco convidativos foram me deixando cada vez mais reservado. Tudo bem, é possível que eu estivesse falando em um momento errado, durante alguma explicação da professora, mas minha prioridade naquele momento era fazer amizades. A questão era urgente.

Percebi que muitos dos meus colegas de turma estavam combinando de ir à casa uns dos outros logo no primeiro final de semana após o início das aulas. Os grupos estavam formados muito antes da minha chegada, as amizades vinham dos pais e se estendiam às crianças. Diante disso, a primeira coisa que pensei foi que minha mãe deveria se aproximar das mães dos meus colegas de classe, mas logo descartei essa ideia. Eu sabia que não fazíamos parte da "nata" daquela sociedade e não tínhamos dinheiro para fazer os mesmos programas que aquelas famílias faziam ou frequentar os mesmos locais. Além do mais, minha mãe trabalhava o dia inteiro, e eu não podia preocupá-la com algo tão "pequeno". Ou seja, eu que fizesse meus próprios amigos.

No início, acreditei que eu não demoraria muito para me enturmar. Era uma vantagem ser de outra cidade, outros ares, com outras histórias para contar, pensei. Ledo engano. Os olhares e os sorrisos não eram recíprocos, o papo não fluía, e pouco a pouco fui perdendo a confiança. Apesar de tímido, eu sempre consegui superar isso e explorar meu lado extrovertido, especialmente quando me sentia confiante. Parece contraditório que uma mesma pessoa carregue timidez e extroversão dentro de si? Pois saiba que elas convivem muito bem. Porém, por ser novo no colégio e não ter tido uma aceitação com a rapidez que atenderia às minhas expectativas, minha timidez foi crescendo. Eu me retraía mais e mais, o que parecia antipatia. Isso, por sua vez, me afastava ainda mais das pessoas. Um círculo vicioso se instaurou: quanto mais minha ansiedade por fazer amigos crescia, mais quieto e retraído eu ficava, o que não ajudava nem um pouco a atrair os amigos que eu tanto queria.

Fui me sentindo cada vez mais sozinho. Todo dia de manhã, a caminho do colégio, eu tentava bolar alguma maneira de me sentir parte daquele ambiente, encontrar uma forma de fazer amizades sendo quem eu era. Numa dessas caminhadas matutinas, surgiu uma ideia: escrever um bilhete, simples e direto, pedindo que o menino que sentava perto de mim fosse meu amigo. Foi tão ingênuo, mas tão honesto, que na hora achei uma ideia brilhante.

Percorri o restante do caminho a passos firmes, sorrindo, animado para pôr meu plano em prática. Ao chegar à escola, fui direto para a sala, sentei na minha carteira, peguei uma caneta azul daquelas simples (que toda hora estouravam dentro da mochila) e escrevi exatamente assim para o garoto: "Quer ser meu amigo?"

Quando escrevi, com as minhas letras pouco simétricas porém bem-intencionadas, eu nem pensei na possibilidade de receber um não. Estava confiante, feliz, decidido. Resolvi me abrir ao ineditismo do que poderia acontecer. No entanto, coloquei minha expectativa de alegria nas mãos de outra pessoa sem ao menos conhecê-la.

A resposta não chegou. Nem no fim da aula, nem no fim do dia. Ele simplesmente me ignorou. Os anos se passaram e nunca toquei no assunto.

EXISTE ALGO PIOR QUE A DOR DA REJEIÇÃO?

"A história, apesar de sua dor dilacerante, não pode ser apagada, mas se for encarada com coragem não precisa ser revivida."

– Maya Angelou

Se você é como eu, doeu um pouco ler essa história. A rejeição não é um sentimento fácil de ser digerido. Quando estendemos a mão para alguém que não nos estende a sua de volta, nos sentimos menosprezados, desprezados por quem gostaríamos de ter por perto.

Além da profunda dor de não nos sentirmos aceitos por aqueles com quem temos (ou queremos ter) um laço afetivo, a rejeição acaba nos levando a fazer uma avaliação pior de nós mesmos. Descarregamos toda essa frustração na maneira como nos enxergamos e como achamos que o mundo nos vê.

Quando sentimos na pele a dor de sermos rejeitados, fazemos de tudo para evitar que ela aconteça novamente. Fugimos de emoções e situações parecidas por medo de que aquela dor se repita. O medo se torna uma presença constante, como se todas as outras pessoas também fossem nos rejeitar, como se todas as nossas atitudes fossem dignas de serem refutáveis. Incorremos em uma generalização a partir de poucos episódios traumáticos, associando-os a todas as circunstâncias que possuem semelhança com aqueles eventos específicos.

E, para nos protegermos do risco de sermos rejeitados novamente, há duas estratégias comuns.

1. A estratégia da concha
Consiste em nos fecharmos em uma suposta zona de conforto para evitarmos novas rejeições. Tentando a qualquer custo nos proteger, nunca mostramos nossa melhor parte. Omitimos nossas verdades, nossas qualidades, e quanto mais íntima a nossa verdade, mais fundo a guardamos, trancando-a a sete chaves. É uma estratégia que nos distancia do mundo, pois nos coloca em uma bolha de falsa segurança, onde acreditamos que ninguém pode nos julgar.

Durante a adolescência, eu tinha vergonha de falar, de me expor e até de mostrar que tinha algum talento. Na escola, era daqueles alunos que, se possível, durante uma apresentação de trabalho, seguravam a cartolina só para ficar atrás dela. Lembro que sempre gostei de tocar violão e cantar, mas nunca tocava em público. Na verdade, nem cheguei a dividir essa paixão com ninguém no colégio, por vergonha. Tinha medo de não ser realmente bom e de virar motivo de piada se tocasse em público e cometesse algum erro.

Eu me questionava incontáveis vezes: "Será que se eu mostrar quem sou, se eu expressar meus pensamentos, as pessoas vão deixar de gostar de mim?" Quando surgia essa vontade de expor a minha verdade, de dividir com as pessoas algo que eu julgava interessante e íntimo, eu estufava o peito, pensava de forma confiante, me munia de palavras... mas segundos depois o meu peito voltava ao estado normal. Um turbilhão de pensamentos chegava sem pedir licença, questionando se o que eu tinha para oferecer seria realmente interessante para os outros.

Gosto de tocar violão... mas não vou tocar, pois o Pedro toca bem melhor que eu.

Gosto de escrever... mas não vou escrever, pois quem sou eu para falar alguma coisa? Existem tantos escritores renomados, ninguém vai querer ler o que eu escrevo.

Queria tanto dar um mergulho no mar... mas não vou tirar a camiseta, meu corpo não é bonito.

Por que falar o que eu penso se a opinião dos outros é tão mais inteligente?

Aquela menina é linda, mas não vou conversar com ela, porque o ex-namorado dela era muito mais bonito e interessante que eu.

Durante grande parte da minha vida nutri um perfeccionismo cruel, fazendo a mim mesmo cobranças incompatíveis com as minhas características. Queria ser o melhor, queria receber aprovação em tempo integral. Nessa insana busca por aceitação – às vezes por parte de pessoas que mal conhecia –, eu colocava minhas emoções de lado. Por achar que não estava dentro dos pré-requisitos dos outros, escolhia ficar em silêncio. Por medo de ser ridicularizado, deixava de mostrar o que eu realmente sentia e pensava. Confesso que em muitas ocasiões me julguei "não aceito" sem nem ao menos tentar a aceitação. Com receio da reação dos outros, sabotei a mim mesmo, antecipando que o mundo me sabotaria.

Durante anos achei que no silêncio eu sempre estaria seguro.

Paralisado pelo medo e confinado à minha zona de conforto (ou ao que eu achava que era o conforto), quantas oportunidades eu não perdi? Quantas chances de mostrar minhas maiores virtudes não deixei escapar por medo de que fossem malvistas? Quantas opiniões, quantos sentimentos, quantas saudades não sufoquei em mim?

Assim como eu, muitos preferem esconder seus talentos, suas paixões, seus ideais por medo de serem rejeitados. Conheci pessoas que escreviam lindas músicas ou poemas, mas os guardavam só para si, pois achavam que não eram bons o bastante. Colegas de trabalho que durante uma reunião omitiam opiniões pertinentes por acharem que não os levariam a sério, que desdenhariam e passariam por cima de suas sugestões. Amigos que optaram por não se envolver com mais ninguém, na ilusão de que assim conseguiriam prever e evitar sofrimentos. Não consigo deixar de pensar: será que toda essa proteção nos leva até onde sonhamos chegar?

2. A estratégia do camaleão

Essa estratégia consiste em tentar se adequar aos padrões da sociedade para se encaixar na turma e "ser alguém", ainda que seja necessário abrir mão das próprias verdades em prol dessa sensação de pertencimento. É quase um processo de camuflagem, de pasteurização, para se misturar à suposta normalidade sem enfrentar as possíveis rejeições por ser diferente: "Vou namorar essa pessoa que não é a melhor para mim, mas é melhor do que ficar sozinho." "Vou escolher esse emprego, porque é estável e respeitado. Quem sabe assim eu me sinta seguro."

Infelizmente, essa fórmula não é muito eficaz. A insegurança transparece no olhar, na cautela ao falar (ou no excesso de certezas), no jeito de se comportar e se relacionar com o outro. É perceptível quanto é torturante aprisionar esse arsenal de verdades dentro de si para viver uma fachada aceitável.

Quando eu era jovem, sentia muita pressão para ser alguém que nunca conseguiria ser. Parte da minha família pensava que eu deveria exercer alguma profissão com status, que desse orgulho de falar, que me propiciasse segurança financeira, para que eles pudessem se vangloriar de eu ser importante. Essas cobranças sempre foram sutis, transmitidas em olhares que significavam "logo ele muda de ideia". Nunca me disseram o que eu deveria fazer, mas era perceptível a exaltação, o orgulho, quando algum colega afirmava que iria seguir uma carreira de "pessoas corretas e trabalhadoras". Arte, quem faria? Biologia, como assim? "Só falta você querer ser astronauta…" (E quem não iria querer?)

No colégio, todos estudavam loucamente para faculdades concorridíssimas, como Medicina, Engenharia, Direito e Administração. Era um frenesi, e eu ficava me questionando: "Será que eu também deveria estar fazendo isso?" Naquela fase de descobertas e de grande influência dos colegas, passei por muitas situações em que me deixei levar pela pressão do grupo e não fui eu mesmo. Lembro como os meninos insistiam que eu bebesse mais na festa do colégio, que eu beijasse fulana diante de todos, que eu mostrasse que era "forte e cheio de atitude", que eu saísse com eles e parasse de escrever "aquelas coisas" que eu escrevia. Muitas vezes deixei de fazer coisas de que gostava para fazer outras que eu nem curtia tanto, só para seguir o fluxo, evitar questionamentos e me poupar de prováveis deboches sobre quem eu realmente era. Em resumo: por medo de ser julgado e condenado, eu não me permitia ser eu mesmo.

Esses dias uma mulher me enviou em uma rede social uma mensagem que exemplifica bem essa questão: "Tive medo de ser rejeitada durante grande parte da minha vida. Então decidi que seria igual à minha irmã mais velha, já que ela era amada por todos." Em busca da aprovação da família, essa moça preferiu adotar as escolhas de outra pessoa em vez de descobrir quem *ela* era, quem gostaria de ser. Quando li isso, fiquei imaginando a pessoa se vestindo com as roupas da irmã, lendo os livros da irmã, ouvindo as músicas que a irmã ouvia, adotando os hábitos da irmã, fazendo a mesma faculdade que a irmã. Quantas vezes será que essa mulher viu brotar um interesse ou um sonho próprio e precisou sacrificá-lo em nome da personagem que criou para si?

Parece um filme de terror – até percebermos quanto nós mesmos já imitamos alguém que admiramos, não é mesmo? Adotamos roupas, corte de cabelo, dieta e gírias da moda, reproduzimos o comportamento que se espera de nós nas festas, levantamos bandeiras de terceiros e até compramos brigas que não nos pertencem para fazer parte do grupo. É claro que um pouco disso faz parte da vida e é inofensivo, mas e quando temos a sensação de que estamos indo contra o que desejamos, o que achamos correto, o que nos representa?

Quando usamos a estratégia do camaleão, nos submetemos a um processo danoso para pasteurizar nossos sonhos, nossas vontades e paixões. Colocamos nossas aspirações em caixinhas e tentamos guardá-las no cantinho, mesmo sabendo que não cabem lá. Em troca de um olhar de aprovação de todos, acabamos nos traindo, achando que essa adaptação forçada é necessária. A questão é: até que ponto estamos dispostos a nos anular para sermos aceitos?

O MEDO QUE PARALISA

"Toda dor vem do desejo de não sentirmos dor."
— Renato Russo

Como perguntei no início do capítulo, existe algo pior que a dor da rejeição? Eu, sinceramente, diria que sim: o *medo* da rejeição! Ter medo de ser rejeitado é uma dor muito mais visceral, silenciosa e desgastante que a rejeição em si. É antecipar algo que pode nem acontecer, criando um monstro maior do que realmente é. E, convenhamos, somos ótimos em antecipar sofrimentos.

Um dia, uma namorada minha fez um jantar para nós dois, e como quase sempre era eu quem cozinhava, ela estava ansiosa, apreensiva por causa da vontade de agradar. Sentamos à mesa, nos servimos e, antes mesmo que eu levasse o garfo à boca, ela disse: "Eu sei que ficou ruim." E completou: "Se você não gostar, pode me falar, tá?" Como ela poderia prever o que eu ia achar? Por que tanto medo, se havia feito tudo com tanto amor? Fazemos isso o tempo todo. Com medo de sermos rejeitados, nos rejeitamos antes. Com receio de que percebam nossos "defeitos", já os gritamos aos quatro ventos para todos saberem, como se assim pudéssemos nos proteger das palavras dos outros. O jantar estava uma delícia, e eu disse isso a ela repetidamente.

O medo de não sermos aceitos nos aprisiona de forma injusta, pois nos faz perder a confiança até em coisas em que sabemos que somos bons e dedicados. É um vilão silencioso, que nos impede não apenas de tentar coisas novas como de escutar nosso coração, de levantar a voz a favor daquilo em que acreditamos e de buscar nossa individualidade. Ele congela nossas ações, nos paralisa, nos faz achar que somos frágeis demais para ouvir uma negativa.

O medo de cair da bicicleta e ralar o joelho uma ou duas vezes não pode privar você da alegria de pedalar o ano inteiro, de se movimentar e se sentir bem com seu corpo, de ver paisagens lindas e notar que você é parte dos lugares que está conhecendo. O medo não pode nos tirar a oportunidade de experimentar, de viver, de nos aventurarmos em situações que um dia nos orgulharemos de ter vivido. As vivências, as histórias, os amores, as conexões mais bonitas da vida precisam de uma pitada de coragem e coração aberto.

Quantas palavras engasgaram na sua garganta quando o amor insistia em transbordar dos seus olhos? Quantos anos você perdeu imaginando que deveria exercer outra profissão que não aquela que estava no seu coração? Quantas verdades foram silenciadas antes de a pessoa amada partir?

Pare um pouco e pense se você não está escondendo ou diminuindo algo dentro de si, levado pelo medo de ser rejeitado. Quanto da sua essência você está perdendo diariamente em troca de aceitação? Precisamos parar de nos mutilar emocionalmente.

APRENDENDO COM A REJEIÇÃO

"Não há dúvida; até a rejeição pode ser a sombra de uma carícia."

– José Ortega y Gasset

O empreendedor e autor Jia Jiang, um chinês radicado nos Estados Unidos, conta no TED Talk "O que aprendi com 100 dias de rejeição" o que fez quando percebeu que o medo da rejeição estava determinando suas escolhas, resultando numa vida menor, limitada, com poucas oportunidades para surpresas e realizações. Tremendo de medo até o último fio de cabelo, Jiang lançou a si mesmo o seguinte desafio: vivenciar 100 situações de rejeição durante 100 dias. No primeiro dia, por exemplo, ele deveria pedir 100 dólares emprestados para um estranho. É claro que ele não conseguiu o dinheiro, mas o que aprendeu com o desafio valeu cada gota de suor, cada palpitação. E não estou falando da fama que veio com o sucesso de sua palestra no YouTube, mas das lições aprendidas na prática, que são sempre mais impactantes do que a teoria.

Em seu livro *Sem medo da rejeição*, Jiang narra sua experiência maluca e como ela o fez superar seus receios. Uma das suas percepções que mais me tocaram foi de que, na verdade, muita gente dizia sim ou queria dizer sim aos seus pedidos estapafúrdios. Ou seja: as pessoas gostam de ajudar. Jiang aprendeu a fazer perguntas e, assim, chegar mais longe com seus pedidos. E o primeiro passo para qualquer tentativa é perder o medo do "não"!

Mesmo quando de fato sofria uma rejeição, ele entendia que não era nada pessoal. Na verdade, os motivos de uma recusa dizem mais sobre quem está rejeitando do que sobre quem fez o pedido. Por isso, não desista. Às vezes, é preciso perguntar para outra pessoa, aprender uma nova abordagem ou mudar de estratégia. Não coloque todo o peso do "não" em cima de si mesmo, como se uma recusa fosse uma marca indelével de fracasso.

Se alguém recusa nosso convite para sair, não pensamos que ela pode ter outros compromissos ou estar com grandes questões internas a serem resolvidas, mas que não somos atraentes ou interessantes. Se a proposta de emprego não se concretiza, não imaginamos que o mercado talvez esteja em um período difícil para contratações, mas que não somos capacitados o suficiente para a vaga. Se uma loja não tem disponível determinada roupa no nosso tamanho, não nos ocorre que o estoque possa ter acabado, mas que estamos acima do peso e não merecemos vestir roupas bonitas (só depois que emagrecermos). Se começamos um projeto novo que não conquista milhares de seguidores logo no lançamento, não cogitamos que talvez sejamos impacientes, mas achamos que nossa ideia não é boa.

As possibilidades de rejeição são infinitas. E a certeza de que mais dia menos dia ela ocorrerá, também. Por isso, convido você a lançar um desafio para si mesmo e se jogar nas inúmeras possibilidades de ser rejeitado. É sério. Você não precisa ser tão ingênuo quanto eu e mandar uma carta fofa para quem nunca olhou na sua cara, nem tão ousado quanto Jia Jiang, que chegou a pedir um refil de hambúrguer na sua lanchonete preferida; o importante é se abrir à rejeição em doses homeopáticas, com atitudes que não vão desencadear nenhum complexo de inferioridade. Peça um favor, peça ajuda, convide alguém para tomar um café. Experimente.

VOCÊ NÃO VAI AGRADAR TODO MUNDO. E DAÍ?

"Faça o que você sente em seu coração que é o certo – pois você será criticado de qualquer maneira."
– Eleanor Roosevelt

Se tem uma coisa que eu aprendi na vida é que é impossível agradar tudo mundo. Alguém, em algum lugar, vai implicar com você, discordar de você ou simplesmente não estar nem aí para você. Grande parte das vezes, a negativa vem de gente que nem importa tanto, mas tem hora que ela vem de alguém próximo ou se refere a algo que tem um valor imenso para você. E aí dói demais, não tem jeito.

No entanto, precisamos entender que a rejeição faz parte da vida em sociedade. Precisamos aceitar que nem sempre tem a ver com nossas atitudes, com nossa verdade exposta e com nosso jeito de levar a vida, mas com o olhar do outro. Não temos como controlar nem prever as reações das outras pessoas. E, ainda que fosse possível, seria desgastante demais.

Além disso, nem todo "não" é sinônimo de rejeição, como nem todo "adeus" é desprovido de amor e respeito. Precisamos deixar os "nãos" que a vida nos distribui soarem de forma mais natural aos nossos ouvidos. Deixar qualquer recusa sugar nossa autoestima como um parasita é injusto com nossas qualidades, com o potencial que conservamos. Um "não" é um caminho que escolhemos, não um desrespeito ou um *desgostar* do outro. Não podemos criar verdades que somente nos machucam sem ao menos saber o porquê da decisão do outro.

A questão é que, aparentemente, estamos entre a cruz e a espada: de um lado, a decisão de ser nós mesmos e sofrer uma possível rejeição; do outro, a de levar uma vida que não é a nossa para conseguir fazer parte de um grupo, ser convidado para eventos, conquistar aquela pessoa especial. Mas pense comigo: por que você gostaria de ser aceito por alguém que não sabe quem você realmente é?

O preço de viver uma vida pela metade é alto demais. Não há como amar pela metade, não há como ser feliz pela metade, não há como fazer nada grandioso pela metade. O amor, a felicidade e o sorriso demandam uma entrega total e legítima. Não há como doar metade de nós e querer que o mundo se doe por inteiro – seria injusto e mesquinho.

Hoje eu me permito, após tentativas e entregas sinceras, seguir por um outro caminho, que envolve vulnerabilidade, coragem e alguns sorrisos. Um simples e cotidiano sorriso me mostrou uma nova maneira de enxergar a vida.

Capítulo 2
A VULNERABILIDADE E O PODER DE UM SORRISO

Alguns anos atrás, me envolvi com uma pessoa que foi muito especial para mim. Ela tinha um jeito delicado de ver o mundo e uma maneira doce de me abraçar, mas não era de conversar muito. Em um lindo dia de sol, com toda a espontaneidade do mundo, eu a elogiei à queima-roupa, e ela ficou totalmente sem graça. Achei sua reação curiosa, até meiga, como se eu tivesse dito uma novidade para ela, mas a falta de resposta me deixou intrigado.

Na minha cabeça, havia somente duas explicações possíveis: ou ela não pensava o mesmo de mim, ou tinha vergonha (ou medo) de abrir o coração. Incomodado, perguntei por que ela tinha ficado quieta. Ela pensou, fez alguns cálculos imaginários e, segundos depois, me respondeu:

– Não sei, não gosto de me sentir vulnerável.

Fiquei pensando, tentando entender o que ela queria dizer com isso, pois, para mim, naquela fase da vida, a sensação de estar apaixonado era a coisa mais gostosa que eu já havia experimentado. Então insisti:

– E o que seria se sentir vulnerável?

– É como se você tivesse me invadido, e eu não sei como reagir. Eu gosto, mas não sei muito bem o que sentir.

Como de costume, ela logo quis mudar de assunto, mas sua resposta mostrava que, para ela, a vulnerabilidade era uma fraqueza. Como se, para se proteger da intensidade dos sentimentos, tivesse que criar uma enorme barreira, uma fortaleza para impedir que as emoções transpassassem.

Muitas pessoas têm uma visão turva da vulnerabilidade, achando realmente que é sinônimo de fraqueza, como se ser vulnerável em certos momentos as tornasse fracas e as deixasse desprotegidas. E fica a pergunta: é necessário se proteger do quê? Do amor? Dos sentimentos verdadeiros?! E o mais curioso é que, no fundo, essas pessoas sabem que nunca conseguirão amar verdadeiramente se não romperem essa barreira do medo.

O QUE É VULNERABILIDADE?

"A ferida é o lugar por onde a luz entra em você."
– Rumi

A palavra *vulnerabilidade* vem do latim *"vulnus"*, que significa "ferida". Tem algo a ver com exposição, com uma proteção que parece se romper quando nos sentimos vulneráveis. Assim como uma ferida causa uma ruptura na proteção da pele, vulnerabilidade é expor aquilo que preferiríamos deixar encoberto: nosso ser mais íntimo.

Em termos mais práticos, a vulnerabilidade costuma surgir naquelas situações em que nosso desejo leva a uma ação, mas sem garantia de sucesso. Por exemplo, falar com uma garota numa festa, ir a uma entrevista de emprego, ter uma conversa difícil com um amigo que nos magoou, contar para alguém nosso sonho mais secreto, publicar um texto ou começar um projeto criativo. Ela nasce do medo da rejeição, que costuma dar as caras quando a gente quer dividir uma ideia, uma sugestão, algo que considera importante ou que nos faz bem, e não sabe como será recebido. É como aquele sussurro na sua cabeça que diz: "Tem certeza que vale a pena falar? E se as pessoas não entenderem? E se elas não concordarem? E se você for completamente ignorado? E se elas o fizerem se sentir pior?"

De acordo com a pesquisadora e escritora Brené Brown, a vulnerabilidade é uma sensação física real que aparece em situações de incerteza, risco e exposição. Se você ainda não teve a oportunidade de assistir ao TED Talk dela sobre o poder da vulnerabilidade, faça isso o mais rápido possível. É engraçado, emocionante e transformador. Ela conta como descobriu, após milhares de horas de conversas e pesquisas como assistente social, que a vulnerabilidade era o pré-requisito para tudo que todos nós mais desejamos na vida: alegria, amor verdadeiro, criatividade e paz interior. Lindo, não acha? Mas foi uma descoberta terrível para ela, que sempre quis tudo controlado, previsível e emocionalmente seguro (como quase todos nós!).

A parte mais arrebatadora da palestra de Brené Brown é quando ela fala das pessoas felizes e bem-resolvidas que entrevistou ao longo dos anos. Longe de serem exemplos impecáveis de sucesso, de vidas perfeitas, essas pessoas "abraçavam a vulnerabilidade por completo. Elas acreditavam que aquilo que as tornava vulneráveis também as tornava lindas. Não falavam que a vulnerabilidade era confortável nem que era insuportável, falavam apenas que era necessária". Eu não poderia concordar mais.

OS PERIGOS DA NECESSIDADE DE PERFEIÇÃO

"Estamos vivendo na era do perfeccionismo, e a perfeição é uma ideia que mata."

– Will Storr

O corpo perfeito, o relacionamento perfeito, o emprego perfeito, a viagem perfeita: não é isso que fomos condicionados a buscar? Não há nada de errado em ter ideais e se esforçar para alcançar metas; admiramos pessoas e valores que representam o que queremos para nós, que nos inspiram a sair da zona de conforto e buscar aquilo que nos deixará realizados. O problema é quando enxergamos a vida perfeita como a única aceitável e digna de respeito.

No livro *A coragem de ser imperfeito*, Brené Brown fala justamente sobre o perigo de acharmos que só seremos felizes ou aceitos se atingirmos a perfeição. Todo mundo quer se sentir pertencente – inclusive era isso o que estava por trás da história do bilhete na escola, que me motivou a escrever este livro –, mas condicionar nosso valor a algo inalcançável é uma receita para a infelicidade.

Quando só o perfeito basta e nada além disso serve, limitamos muito nossa vida e nossas relações. Pense: você tem algum amigo que seja perfeito em tudo? Sobre o que vocês conversam? A perfeição é estéril: dela não se cria nada, ela não se conecta. Por isso, quando projetamos uma imagem de perfeição, de que já temos tudo em ordem e por isso não precisamos de nada nem de ninguém, não sobra muito espaço na nossa vida para o outro. No máximo, ficamos num pedestal para ter admiradores. Mas e aquele olho no olho na mesa do bar? E o tempo esparramados no sofá, com roupas confortáveis, conversas profundas, talvez algumas lágrimas e depois um abraço? E o humor? Ele não existe na perfeição, porque a piada e a brincadeira precisam de uma brecha para se inserir, e a perfeição é uma superfície sem poros.

Fingir perfeição é vestir uma máscara que nos distancia do restante da humanidade. E essa máscara pode ser difícil de remover, porque ela parece nos proteger da dor da rejeição, trazer admiração e ganhos materiais, mas há um preço a se pagar por isso: uma barreira para a conexão. Será que vale a pena?

UM COMENTÁRIO SOBRE AS REDES SOCIAIS

"Preocupa-te com o julgamento alheio e serás sempre prisioneiro"

– Lao-Tsé

Em seu livro *Selfie* (sem tradução no Brasil), o jornalista inglês Will Storr faz uma crítica pesada ao crescimento do narcisismo no mundo ocidental, analisando como as redes sociais exacerbaram esse "culto ao ego", fazendo as pessoas se desesperarem por curtidas, comentários e seguidores. Sou muito ativo nas redes – é parte de quem eu sou pessoal e profissionalmente –, então minha visão sobre o assunto é menos radical. No entanto, saber que elas têm afetado as pessoas de forma negativa infelizmente não me surpreende – e me preocupa muito.

As redes sociais têm benefícios belíssimos, como o de conectar pessoas distantes, permitir compartilhar momentos de alegria ou superação com amigos e familiares, trazer novos amores e amizades ao seu círculo social, mas também são um prato cheio que alimenta a insegurança. No momento em que deixamos de aproveitar a conexão que essas tecnologias promovem e nos forçamos a ser uma vitrine para o mundo, como se cada foto precisasse ter um retorno emocional – afetando diretamente nossa autoestima caso nossas expectativas não sejam atingidas –, as redes começam a prejudicar nosso bem-estar.

Infelizmente, muitos relacionam sua popularidade virtual a seu valor na vida real, como se o número de seguidores fosse um reflexo de sua importância para o mundo ou como se a quantidade de curtidas fosse um verdadeiro termômetro do seu bem-estar naquele momento da vida. Nessa corrida desenfreada por corações nas fotos, comentários que elevam a autoestima, respostas instantâneas e incontáveis seguidores – muitas vezes comprados, diga-se de passagem –, cria-se uma vida emocional paralela. O que era para ser uma extensão da realidade, um compartilhamento com quem realmente importa, se tornou uma existência paralela, uma fuga. E o que era para ser algo divertido e honesto se tornou um enorme quadro comparativo entre fragmentos de vida escolhidos a dedo.

Check-in para mostrar onde estamos, fotos na praia para mostrar nosso corpo, repetidas selfies e fotos em frente ao espelho com roupas novas... Qual é o problema disso? A princípio, nenhum. As redes sociais são um ótimo espaço para compartilharmos nosso universo, nossas vivências, para nos conectarmos com quem gostamos e, claro, para postarmos o que bem desejarmos. Temos o direito de publicar nossas conquistas e alegrias, sem dúvida. O problema é quando usamos essa métrica para nos avaliarmos em comparação com os outros e para obter aprovação.

Selecionar os momentos mais compartilháveis e criar uma imagem de perfeição, de um estilo de vida que só existe na foto, é muito comum. Essa vida editada, vendida em várias redes sociais, faz com que muitos de nós criemos expectativas irreais. Dessa forma, começamos a nos fazer cobranças injustas, como se aquele fosse o ideal a ser alcançado e nossa vida não fosse tão legal como a que muitos demonstram ter, sem nem nos questionarmos se aquelas postagens realmente condizem com o que somos ou se estão de acordo com a nossa realidade. Cria-se assim um efeito dominó, pois definimos uma espécie de valor de mercado impossível de ser sustentado pela nossa sanidade e começamos a ter um olhar mais crítico em relação às postagens dos outros, analisando os detalhes e julgando sempre mais, em eterna comparação. É evidente que isso não nos faz bem, mas qual é a solução?

Não acho que o tal "detox digital" – simplesmente parar de usar certas plataformas – seja o caminho, porque não trata a raiz do problema. O verdadeiro culpado não são as redes sociais: é a insegurança, o perfeccionismo e a busca por aprovação externa. Por isso, acredito que a solução seja a reflexão constante, para que não sejamos dominados pelas sensações que podem surgir nas nossas interações nesses meios.

Vale pensar:

- Por que fico tão triste quando não tenho o número de curtidas que julgo merecer?

- Por que dou tanta importância a um comentário negativo, mesmo quando quase todos os outros são positivos?

- O que pode estar por trás daquela sensação de que todos estão vivendo e fazendo coisas incríveis, menos eu?

- Será que vale a pena seguir quem faz com que eu me sinta mal sobre mim mesmo?

- Por que sujeito minha autoestima à aprovação e à admiração de desconhecidos?

- Será que postar essa crítica ou esse comentário negativo vai me ajudar a alcançar meu objetivo?

- Como eu edito minha vida para fazer bonito nas redes sociais?

Talvez fique mais fácil viver nesse universo quando entendermos que, tal como a televisão e o cinema, as redes sociais só revelam um fragmento incompleto da realidade. Ou podemos seguir o conselho de Will Storr: "A vida é dura o bastante sem que a gente se martirize por não ser o Gandhi. Então pare de tentar ser essa versão perfeita de si mesmo. Você é quem você é."

SEM VULNERABILIDADE NÃO HÁ CONEXÃO

"A gente corre o risco de chorar um pouco quando se deixa cativar."

– Antoine de Saint-Exupéry,
em O pequeno príncipe

O que faz você se sentir vulnerável? Pedir ajuda? Dizer que ama? Cantar para todos ouvirem? Convidar alguém para sair? Admitir estar sem dinheiro? Compartilhar seus fetiches? Admitir que está errado? Você sente ou já sentiu vergonha da sua roupa, do seu carro, dos seus sonhos?

Vulnerabilidade é um tema que permeia minha vida há anos. A primeira vez que me deparei com a importância de me permitir ser vulnerável foi ao perceber as relações na minha família. Sempre tivemos uma ligação muito forte, nos ajudávamos sempre que possível; havia entre nós uma cumplicidade bonita, porém com um jeito silencioso de nos comunicarmos emocionalmente. É fato que sempre fomos de poucas palavras, faz parte da nossa criação, do nosso jeito de levar a vida. Eu poderia contar nos dedos quantas vezes ouvi algum familiar próximo dizer que amava outro ou quando algum deles expôs abertamente alguma questão pessoal, contando o que sentia ou pedindo conselhos sobre um acontecimento. Só que, para mim, não fazia sentido economizar palavras sinceras de afeto quando elas transbordavam. Como era possível conviver intimamente, e de fato amar o outro e cuidar dele, e não ser capaz de falar com todas as letras o que se sentia?

Como experimento, comecei a soltar frases simples e carinhosas durante situações que, a meu ver, pediam uma dose a mais de afeto. Quando ia me deitar e todos ainda estavam na sala assistindo à televisão, soltava um "te amo" coletivo, para ver quem me responderia com um tom similar, e em quais palavras. O "eu também" dito de forma ligeira é sempre uma escapatória segura para quem também ama, mas não sabe dizer. Em reuniões de família, à mesa de jantar, eu dizia abertamente que estava com saudades de todos. Mesmo que ficassem um pouco sem reação e demonstrassem grande pressa em desconversar, percebi que aos poucos, com o passar do tempo, eles começaram a se soltar. Talvez a mudança não tenha sido perceptível para eles, mas para mim foi.

Meus parentes não chegavam perto de um livre e espontâneo "eu te amo", mas começavam se abrir: a contar alguma frustração que carregavam, algo que estava preso na garganta e não admitiam nem para si mesmos, como os resultados ruins de um exame, o medo de ser despedido ou até alguma felicidade inesperada. Passaram a se expressar mais, sem se reprimir tanto, por mais simples e cotidiano que fosse o comentário. É claro que não faço milagres, mas naquele experimento percebi como a vulnerabilidade tem o poder de conectar, de unir.

 Um beijo na pessoa amada, um abraço naquele amigo de quem estávamos morrendo de saudade, um elogio a quem mal conhecemos mas por quem temos uma enorme admiração, um oi sem explicações para alguém passeando com o cachorro na rua, um obrigado a quem nos ajudou por um instante que seja, um trabalho a quem estava buscando, um sorriso a quem estava precisando, um pouco de nós a quem quer que seja: conexão, essa é a palavra. Tem algo mais incrível?

 Estamos aqui, nesta existência, com o intuito de nos conectar uns com os outros, de sentir emoções únicas, de sermos felizes, tristes, vulneráveis, de provar que estamos vivos, sentindo, nos emocionando e fazendo os outros se emocionarem conosco. Acima de tudo, estamos nos conectando com outras pessoas com sentimentos verdadeiros. É isso que dá sentido a tudo que vivemos.

Não há como fugir das emoções que sentimos nem dá para controlá-las. Sinto como se quiséssemos a qualquer custo programar os sofrimentos, dosá-los em frações homeopáticas, agendar em qual segundo sentir saudade ou pesar em balanças quanto os outros já gostaram de nós. E muitos realmente acreditam que têm esse poder de controlar o que a vida tem de mais fascinante: a capacidade de sentir.

Claro que podemos direcionar o que gostaríamos de sentir e dar valor às experiências verdadeiras, mas parece que quereremos selecionar os melhores sentimentos, como se fosse possível ir ao mercado das emoções e colocar na cesta somente o que for desejável. Se assim fosse, como amadureceríamos? Como saberíamos diferenciar o que nos faz bem do que nos faz mal? Nessas cestas só de sentimentos seguros e bons, a vulnerabilidade não tem lugar, pois ela está entre os sentimentos ruins, fracos, voláteis e as experiências doloridas. O que falta percebermos é que, ao mesmo tempo que pode nos trazer insegurança, medo ou vergonha, a vulnerabilidade nos leva ao amor, à felicidade, à entrega, à expressão das nossas verdades. Em resumo, é graças a ela que nos sentimos vivos e realizados.

Precisamos nos permitir ser corajosos, deixar as imperfeições respirarem. O que é verdadeiro nunca deveria ser motivo de vergonha. Nunca.

Muitas vezes sentimos como se devêssemos deixar de ser o que somos para viver em sociedade, que não podemos nos mostrar vulneráveis, que precisamos nos proteger do mundo cruel em que vivemos. Mas a verdade é que, para termos vínculos verdadeiros e conexões profundas, precisamos estar abertos, e isso inclui aceitar que nem sempre teremos bons sentimentos.

Nada é tão fantástico quanto se permitir ser verdadeiro.

AVISO: A VIDA NÃO VEM COM CERTIFICADO DE GARANTIA

"A busca pela certeza obstrui a busca pelo sentido. A incerteza é a própria condição para impelir o homem a manifestar seus poderes."

– Erich Fromm

Uma das coisas que mais ouço quando falo a respeito da importância de ser vulnerável é sobre quando não recebemos as respostas que tanto esperávamos. Como se o ato de se abrir tivesse que cumprir as expectativas de quem colocou os próprios anseios na mesa. Já ouvi muitas vezes as seguintes frases:

Tentei uma vez e não deu certo!

E se eu falar o que sinto e a pessoa se afastar?

Como vou saber se a pessoa vai valorizar o que eu disser?

E se eu me abrir e não for correspondido?

E se eu parecer fraco ou bobo?

Acontece que o importante em ser vulnerável não é "dar certo" ou ter respostas positivas, é falar sem se julgar, é se sentir livre, aberto e corajoso. Ter uma resposta positiva é uma consequência possível, mas, como toda situação em que se corre um risco, isso não é garantido. Por acaso você vai deixar de procurar um emprego por medo de receber um "não"? Vai deixar de se relacionar só para não sofrer uma rejeição novamente? Vai deixar de viver experiências incríveis e grandiosas por medo do que talvez nem aconteça? Declaramos nosso amor não somente para saber que somos amados de volta, mas para libertar o sentimento aprisionado e seguir em frente. A vulnerabilidade só afasta quem não é para ficar.

Se você ainda não se convenceu de que vale a pena,

aqui vai uma lista com algumas vantagens de se mostrar vulnerável:

- Diminui o acúmulo de sentimentos ruins (raiva, medo, angústias, tristezas).

- Permite lidar com mais sinceridade, autenticidade e leveza com o que somos e sentimos.

- Demonstra maturidade emocional.

- Aumenta a probabilidade de conexões verdadeiras e profundas.

- Ensina que perder e ganhar não são antônimos quando o assunto são sentimentos.

- Ajuda a identificar o que realmente vale a pena.

- Faz entender que não é o fim do mundo ouvir um "não".

- Nos leva a ser mais presentes, a falar o que sentimos no momento em que estamos sentindo, não depois, quando muitos já partiram.

- Promove a paz interior e inibe julgamentos, o que gera relações mais saudáveis.

- Nos faz enxergar a humanidade que existe em todos nós, já que todos somos imperfeitos.

Escolher a vulnerabilidade não é garantia de aprovação, sucesso ou felicidade, é um caminho para uma vida com coragem e aceitação – e não existe felicidade verdadeira sem isso.

UM PEQUENO ATO DE CORAGEM

"Quando éramos crianças, pensávamos que quando crescêssemos não seríamos mais vulneráveis. Mas crescer é aceitar a vulnerabilidade. Estar vivo é estar vulnerável."

– Madeleine L'Engle

Quem vê o Fred hoje, um cara que alcança milhões de pessoas e dá palestras em todo o país, nunca imaginaria que por trás de toda essa exposição existe um menino envergonhado e ansioso, que chorava fácil – e ainda chora, quando a alma pede um afago.

Tive uma adolescência complicada. Além de tímido e gordinho, eu era estrábico ("vesgo" para os íntimos). Para completar, tinha hipermetropia e astigmatismo. Até olhar as pessoas no olho era difícil, me dava a sensação de que estavam reparando nas grossas lentes dos meus óculos e se perguntando quantos graus eu tinha (resposta: seis).

Todos os dias de manhã, eu ia a pé para o colégio. Sempre gostei de caminhar sozinho, observar as pessoas e ouvir música. Era o meu momento, embora na época desse um trabalho danado: colocava o *discman* sempre na horizontal, para o CD não parar de tocar, deixava o zíper da mochila um pouquinho aberto para passar o fio do fone, que aliás era curto e mal chegava à minha orelha, e lá ia eu. Eu morava perto do colégio, então dava tempo de ouvir exatamente quatro músicas. Às vezes, ia mais devagar só para chegar naquela de que eu mais gostava. Volta e meia o CD parava, pois eu ficava tão animado que me mexia demais e ele saía do lugar. Eu precisava tomar cuidado, mas, sem dúvida, era a parte mais legal do meu dia.

Porém essa também era uma forma de eu me isolar no meu mundo. Com os fones nos ouvidos e os olhos no chão, eu não precisava interagir com ninguém. Será que esse tempo de percurso não poderia ter outro significado?

Em todas essas minhas caminhadas para ir estudar briófitas ou o estopim da Primeira Guerra Mundial, eu passava pela mesma ponte. Uma ponte com vista para um rio que ficava lindo no nascer do sol. Eu estava vivendo uma fase insegura, havia perdido meu pai fazia pouco tempo, estava me descobrindo, não tinha muito com quem conversar e queria me relacionar melhor com as pessoas. Queria deixar de ter vergonha e falta de tato, sonhava em conversar com uma garota em especial.

Até que um dia, para tentar perder o medo da rejeição e a introversão com a qual eu convivia diariamente, e que muitas vezes me sufocou, resolvi me propor um desafio silencioso: durante aquele ano, toda vez que atravessasse aquela ponte eu ia sorrir para alguém. Qualquer pessoa. Olharia nos olhos de alguém e abriria um sorriso. Só isso.

Pode parecer muito fácil para alguns, mas para mim era um enorme e angustiante desafio, que coloquei para mim mesmo por achar que seria uma boa maneira de começar a me abrir para as pessoas. Não era por elas, era por mim.

No começo, não conseguia nem olhar nos olhos dos outros. Eu sorria e logo abaixava a cabeça. Tinha medo de ser ignorado, de ficar sem resposta, de sofrer uma rejeição a um simples sorriso. Quantas vezes cheguei ao outro lado da ponte e voltei para cruzá-la novamente, pois tinha tido vergonha de sorrir para alguém na primeira vez.

Naquele momento, o sorriso era uma isca para eu perceber e testar minha conexão com as pessoas. Uma honesta e transparente busca por aprovação. Quando eu via que o outro retribuía meu sorriso, aquilo tirava a atenção de mim e a colocava no outro. Além de me sentir aceito e incluído, havia empatia e troca. Era como ver o outro se abrindo para alguém que nem conhecia – no caso, eu.

Esse pequeno gesto foi o primeiro passo na minha longa jornada com a autoestima e a sensibilidade, o exercício de vislumbrar os sentimentos do outro além dos meus. Não era uma questão de obrigação, mas uma maneira de olhar de verdade para o outro, buscar entendê-lo, sentir o que ele estava sentindo, sem criar teorias e proteções. Por mais que fosse somente um sorriso, cada um deles tinha uma energia, uma vibração, uma reciprocidade diferente. Quando passamos o tempo todo preocupados com nós mesmos, acabamos perdendo a chance de conexão. Quantas oportunidades lindas você pode estar perdendo por não perceber quem está ao seu redor?

Aquele exercício pessoal também me ensinou muito sobre ser vulnerável. Pois, para o outro sorrir de volta, você tem que sorrir primeiro. É um ato de coragem, pois há um risco envolvido: você tem que doar parte de si para só depois saber se o outro fará o mesmo. Esperar que o outro seja sempre o primeiro a sorrir é deixar de aproveitar muitos momentos bonitos por medo de ser rejeitado. Com frequência você tem que agir primeiro, e saber que foi você que iniciou aquele momento tão singelo é um bálsamo para a autoestima. Às vezes você não tem retribuição, e tudo bem. Sua parte você fez. Nem sempre estamos abertos para a experiência de se conectar. E, além disso, a própria experiência de conexão é diferente para cada pessoa.

É importante dar o primeiro passo sem se deixar dominar pela sensação de estar sendo inferior, pelo impulso de se questionar ou de se julgar. Muitas vezes precisamos quebrar o gelo para manter uma conversa, uma interação, uma nova experiência, uma relação saudável, sem orgulho, sem ego. Precisamos ter a coragem de ser vulnerável para receber o que vier, seja um "sim" ou um "não".

Depois do sorriso, passei a experimentar o elogio. Uma vez eu estava passando minhas poucas compras no caixa do mercado e, sem pensar muito, elogiei o cabelo da senhora que estava ali trabalhando. Se alguém tinha um cabelo bonito, por que eu teria vergonha de falar? É um simples e agradável elogio. E fui quebrando a barreira da vergonha com coisas pequenas, cumprimentando, oferecendo ajuda, sorrindo ao dar bom-dia. Atos aparentemente simples, mas um vendaval para quem é envergonhado e carrega consigo o pavor da rejeição.

Hoje, depois de muito treino, sorrisos distribuídos e, em especial, conexões mágicas com mais gente do que eu poderia imaginar, posso dizer que sou outro. Não posso negar que o retorno positivo que recebo por conta do meu trabalho ajuda a calibrar a autoestima, mas a verdadeira mudança começou com um simples sorriso, um pequeno gesto de empatia, de conexão.

Com essa atitude, você passa a entrar no outro para ver se tem ressonância e talvez experimentar o que ele pode estar sentindo. O sorriso é a chave para abrir uma porta que guarda coisas lindas.

Capítulo 3
SENSIBILIDADE NÃO É FRAQUEZA

Por muitos anos achei que a maneira mais eficaz de ser aceito era agradando os outros. Abria meu coração para quem quer que surgisse e me entregava à vontade de ver os outros felizes e se divertindo. Fazendo o meu melhor e usando toda a minha sensibilidade para ouvir e entender os outros, pensei que poderia agradá-los e, em troca, receberia amizade e seria valorizado. Mas nem sempre a energia que eu investia era retribuída.

Aos 14 anos, aconteceu algo que deixou isso bem claro para mim. Eu estava bem naquela fase em que a gente não sabe ainda quem é, mas daria todos os pertences mais valiosos para descobrir – até mesmo o tocador de música que era meu companheiro fiel e os brinquedos preferidos dos quais eu fingia não gostar mais para parecer adulto. A essa altura, estava começando a me enturmar e ser até chamado para as festinhas. E não recusava um convite sequer. Se tivesse dois aniversários no mesmo dia, ia aos dois, mesmo que, no fundo, não conseguisse curtir nenhum. O importante era estar presente para fazer com que meus amigos gostassem cada vez mais de mim.

Uma colega de classe ia fazer 15 anos e a festa seria daquelas especiais, com comidas gostosas, decoração chique e todos desfilando suas melhores roupas. Eu e vários colegas fomos convidados, além de pessoas de outros colégios. Seria numa sexta-feira, então chamei um amigo de outro colégio, que também tinha sido convidado, para dormir lá em casa depois da festa. Ele era um cara descolado, popular, um ano mais velho que eu. As meninas o adoravam. Eu o achava o máximo, e também adorava andar com alguém mais velho e de outro colégio; me dava uma autoridade, como se eu também fosse descolado, a ponto de me tornar interessante para alguém fora daquele nosso círculo.

Fiquei imaginando o que poderíamos fazer no dia seguinte ao da festa. "Brincar" não era mais uma boa palavra, mas poderíamos jogar bola, videogame, ouvir música, ir ao clube, essas coisas. Combinamos tudo na terça-feira. Eu já estava animado por antecipação, passei o restante da semana pensando no sábado. Criei todas as expectativas que a minha imaginação permitia, separei meus jogos preferidos, até peguei minhas economias e fui comprar um novo. Por estar feliz e ansioso, durante a semana confirmei com ele algumas vezes: "Tudo certo para sexta?"

Conversei com a minha mãe e sugeri fazermos um café da manhã caprichado – afinal, eu raramente convidava amigos para irem lá em casa e queria que fosse divertido. Na minha cabeça, como não tínhamos piscina, jardim nem nada especial, eu tinha que compensar de alguma forma, então melhor ter algo gostoso para comer.

Na sexta-feira à tarde, antes da festa, ajudei minha mãe a arrumar a casa, fui ao mercado comprar refrigerante (coisa que quase nunca tinha na nossa geladeira) e alguns salgadinhos. Estava entusiasmado, afinal eu iria a uma festa legal e um amigo dormiria lá em casa, tudo era novidade. Eu realmente estava me sentindo parte do todo.

A festa começou, estava tudo muito bonito e divertido, mas confesso que fiquei tão ansioso para meu amigo dormir lá em casa que nem aproveitei tanto. Quando chegou a hora de ir embora, ele me disse, sem demonstrar nenhum sentimento de culpa, que iria dormir na casa de outro amigo.

Antes mesmo de bater a tristeza, fiquei confuso. Havíamos combinado, afinal. Na hora, fiquei pensando repetidamente: o que esse outro amigo tinha que eu não tinha? Fiz comparações injustas e deixei a mágoa afetar diretamente minha autoestima. Respirei fundo, não discuti, nem questionei, apenas fiz cara de paisagem e disse um suave "tudo bem".

Em casa, fiquei pensativo e triste. Minha mãe, percebendo, quis conversar comigo, mas preferi o silêncio, que sempre me ajudou a me recuperar de tristezas. Eu estava insistentemente tentando entender o que tinha feito de errado naquela situação. Me cobrei, me investiguei, relembrei minhas atitudes, mas não encontrei respostas que justificassem a atitude do meu amigo. Talvez ele nem tenha feito nada tão grave. Mas a minha expectativa era tanta que fui incapaz de lidar com aquela frustração, e me senti mal por vários dias.

Nasci com uma sensibilidade aguçada, e por muitos anos não soube o que fazer com ela. Não entendia por que eu era diferente de muitos dos meus amigos, que zombavam de mim por eu me magoar com facilidade. Demorei a perceber que tamanha sensibilidade era um presente, uma parte essencial de quem sou e que definiria meu destino.

O problema era que eu a usava contra mim, e não a favor dos outros.

EMPATIA E "OUTROSPECÇÃO"

"Ter empatia é encontrar ecos de outras pessoas dentro de si mesmo."

– Mohsin Hamid

O filósofo Roman Krznaric, autor de *O poder da empatia*, acredita que a conexão entre seres humanos é parte essencial de quem somos. Afinal, se a neurociência já provou que temos células no cérebro cuja única função é espelhar as reações do outro, faz sentido que sejamos, de fato, feitos para nos relacionar, não é?

Krznaric é um grande ativista da empatia, o que ele define como a habilidade de se imaginar no lugar do outro, compreendendo a perspectiva da pessoa a ponto de permitir que isso oriente suas ações. Ele não engole essa tese de que somos "essencialmente egoístas". Reconhece que, ao longo da história, avanços importantes foram feitos justamente quando pessoas foram capazes de ignorar o que era melhor para si mesmas e lutar em prol do outro. E ele vai um passo além, fazendo uma crítica pesada ao autocentrismo do século XX e defendendo uma nova forma de obter conhecimento e inspiração. Ao contrário da introspecção, que significa olhar para dentro, Krznaric acredita que o século XXI está precisando de pessoas que olhem para fora, para o outro: que realizem a "outrospecção".

Pessoalmente, sou um grande fã da introspecção. Acho essencial praticar a autorreflexão, fazer terapia se possível. Quanto maior nosso autoconhecimento, mais bem resolvidos somos e mais felizes são nossos relacionamentos. Mas se todo mundo só gasta energia desenvolvendo o próprio potencial, como fica a sociedade, como ficam as relações interpessoais? Não é gostoso sair da própria cabeça, dar um tempo dos próprios problemas e poder se dedicar de corpo e alma a outro alguém, seja nosso amor, um amigo ou um grupo?

Praticar a "outrospecção" nada mais é do que se colocar no lugar do outro e, com essa nova percepção, agir de forma mais empática. Vou dar um exemplo bem simples. Imagine que você está voltando do supermercado carregando uma porção de sacolas e do outro lado da calçada vê um menino sentado no meio-fio, pedindo comida. Você pode seguir seu rumo ou, depois de se conectar com a situação de desamparo do menino, atravessar a rua e pegar nas suas compras algo de comer e beber e oferecer a ele.

Outro exemplo, dessa vez sem a questão da desigualdade social, é quando você encontra um amigo e percebe que ele está mal. Aí, em vez de ignorar o sentimento dele ou, pior, começar a se gabar de como sua vida está maravilhosa, você olha no olho dele e se dispõe a ouvi-lo. Só ouvir mesmo, sem oferecer respostas reconfortantes ou tentar distraí-lo dos problemas. Isso também é empatia.

POR QUE A EMPATIA É TÃO IMPORTANTE

"Todos os sentimentos de amizade pelo outro são uma extensão dos sentimentos por si mesmo."
– Aristóteles

O ex-presidente americano Barack Obama ajudou a popularizar a empatia. Segundo ele, o mundo atual sofre de um déficit de empatia que só piorou os problemas sociais e políticos. Quando se perde a capacidade ou a disposição de se colocar no lugar do outro e procurar entender seus problemas e seus pontos de vista – em vez de simplesmente julgá-lo ou atacá-lo –, perde-se a oportunidade de criar diálogos e soluções. O resultado da falta de empatia é a discórdia, a polarização e novos problemas.

Porém, não é só no nível social e político que ela é necessária. Pense nos relacionamentos: se a gente não consegue exercitar a empatia com nosso parceiro e nossos familiares, como fica a comunicação dentro de casa?

Fica um apontando o dedo para o outro, levantando a voz, reclamando e perdendo a paciência! A empatia pode salvar nossas relações.

O mesmo vale para o ambiente de trabalho. Quando alguém vem me contar um problema, preciso entender seu ponto de vista, seus desafios e motivações. Só assim vou conseguir pensar em soluções para ajudá-lo. Agir com empatia no trabalho é importante em qualquer profissão e em qualquer nível de hierarquia. O médico precisa se colocar no lugar do paciente para dar uma notícia difícil ou fazê-lo entender a importância de seguir o tratamento. O atendente precisa se colocar no lugar do cliente para resolver sua demanda de forma rápida e satisfatória. O gerente precisa se conectar com as motivações dos funcionários para que formem uma equipe incrível, empenhada e bem-sucedida. Com empatia, tudo flui melhor.

Mas o que me toca mais profundamente não é pensar a empatia como modo de transformar as sociedades, as relações pessoais e o trabalho, mas como meio poderoso de transformação interna. Depois de começar a sorrir para pessoas que nunca havia visto na vida toda vez que atravessava aquela ponte, passei a me sentir cada dia mais seguro. O simples ato de levar um pouco de alegria para o outro era muito gratificante, além de me fazer perceber como o mundo era muito maior do que aquele mundinho que me consumia, que fazia com que eu me sentisse inseguro, isolado. Eu era parte não somente do pequeno universo do colégio, mas também da cidade e da vida de outras pessoas. Passei a sentir uma liberdade imensa, como se alguém tivesse aberto uma porta revelando um espaço bem mais amplo, colorido e positivo.

Contando assim parece algo insignificante, mas pouco a pouco aquela reciprocidade do sorriso retribuído foi me fortalecendo e calcificando minha autoestima. Temos tantas oportunidades lindas de conexão e troca, tantos universos novos para explorar e tocar...

Ao olhar para o outro com delicadeza, aprendi também a ser mais gentil comigo.

SENSIBILIDADE: PRÉ-REQUISITO PARA A VULNERABILIDADE

"Quando um de nós chora, o outro sente o gosto de sal."
– Khalil Gibran

Afinal, qual é a relação entre sensibilidade e empatia? E mais: o que ambos têm a ver com a vulnerabilidade?

A sensibilidade é a percepção atenta a respeito de algo, principalmente em relação às emoções e atitudes de alguém. É a capacidade de captar estímulos e observar camadas mais profundas das situações, de usar os sentidos e a intuição para captar os sentimentos das pessoas. Já a empatia é a capacidade de se colocar no lugar do outro, a disposição a se transferir emocionalmente e agir de acordo com essa inclinação. A sensibilidade, portanto, é o que permite a empatia.

Voltando para a citação de Khalil Gibran, como sentir o gosto de sal se não notamos o choro do outro? Para que eu saísse da minha concha, para exercitar a vulnerabilidade e buscar conexão, o pré-requisito foi que eu aprendesse a perceber o outro, que encontrasse uma mínima brecha na armadura e fizesse um movimento, mesmo que pequeno, para me conectar. Passei a observar as pessoas ao meu redor, no meu cotidiano, e a me permitir enxergá-las para além das primeiras impressões, dos estereótipos e do senso comum. Só assim fui capaz de estabelecer conversas mais profundas, despertar interesse, estabelecer laços.

É importante captar os sinais das pessoas também para saber quão abertas estão para aquela conexão. Vulnerabilidade não é abrir seu coração para todos; não é correr no meio da rua gritando que ama a humanidade nem expor sua intimidade para o mundo, revelando detalhes da sua vida com o intuito de estabelecer relações com qualquer pessoa.

Para tomarmos coragem, precisamos nos sentir minimamente seguros, e quem traz esse lastro, quem dá as pistas para sentirmos quando e com quem vale a pena buscar essa conexão profunda, é a sensibilidade.

De um lado, portanto, estar atento às pessoas e aos sinais que elas enviam é a chave que vai abrir a porta para o exercício da empatia. De outro, a sensibilidade é a voz que nos guia para o momento certo e para a pessoa certa com quem sermos vulneráveis. Sem ela, perdemos oportunidades de trocas especiais e apostamos nossas fichas em quem pode não ser capaz de vibrar na mesma sintonia que nós.

A sensibilidade não é um superpoder, mas tem o poder de nos guiar para relações verdadeiras e transformadoras.

COMO AGUÇAR SUA SENSIBILIDADE

"A maioria das pessoas não escuta com a intenção de entender; elas escutam com a intenção de responder."

– Stephen R. Covey

Desenvolver a sensibilidade exige uma prática diária e vem mais ou menos naturalmente dependendo da sua personalidade. Para muitos, é penetrar em um novo universo – bem diferente daquele em que costumamos ser criados, onde somos treinados a nos proteger, a tentar sempre sair por cima, a seguir nosso caminho sem olhar para os lados. Quando somos sensíveis, conseguimos enxergar as situações com mais nuance, mais profundidade. A sensibilidade está diretamente relacionada à vulnerabilidade, pois, para conviver melhor e ter conexões reais e profundas, precisamos desenvolver a intuição que nos permita identificar as pessoas certas e os momentos certos para compartilhar nossas histórias.

Mas como ser mais sensível?

1. Escute mais e fale menos
Isso é muito difícil, especialmente se estamos interagindo com pessoas de personalidade forte, que, digamos, usam nossas palavras como munição para nos atacar ou para passar sermão. No entanto, a ideia não é se calar nem deixar de se pronunciar, e sim aprender a colocar a fala de lado e escutar primeiro. Quando ouvimos, exercemos a empatia, pois temos a chance de analisar a situação com mais cuidado. Sensibilidade e empatia muitas vezes se revelam de maneira silenciosa; é a sábia capacidade de calar e dizer somente com os olhos: "Pode falar, estou te ouvindo, mesmo que a sua opinião seja diferente da minha."

2. Lembre-se de perceber o outro
Treinar a empatia é um dos maiores segredos para relacionamentos saudáveis. Empatia não é somente buscar compreender pessoas que se encontram em posições mais frágeis ou socialmente desfavoráveis, mas também enxergar quem está à sua volta. Procure entender por que seu pai não sabe ser carinhoso com você, por que seu amigo não fala sobre a família, por que sua amiga tem vergonha de ir à praia. Portanto, não ignore, não julgue nem tente mudar o outro. Simplesmente observe.

3. Consuma arte
Quando estamos em contato com a arte, abrimos a cabeça. Em contato com imagens ou sons diferentes daqueles do cotidiano, nosso cérebro recebe estímulos novos, desencadeando sensações e sentimentos diversos. Lembre-se de que arte é um termo bem amplo: pode ser encontrada num museu, num teatro, num concerto, num cinema, num show de música popular e na rua. O importante é se expor a criações diferentes e perceber as sensações que surgem.

4. Dedique um tempo a si mesmo
Essa é uma das lições mais importantes que apren-

di. Eu, por exemplo, toda semana tiro um dia para ficar totalmente sozinho e fazer uma triagem do que estou sentindo, pois sem interferências externas consigo me conectar de forma mais profunda comigo mesmo. Se não puder se dar ao luxo de um dia inteiro, reserve algumas horas por semana só para você. Quando estamos sozinhos, resgatamos nossa vitalidade e nosso equilíbrio, pois nos analisamos com transparência, sem nos preocuparmos com o olhar do outro.

5. *Explore seus sentimentos*
"A vida não examinada não vale a pena ser vivida." Minha interpretação dessa frase de Sócrates é de que não devemos aceitar grandes verdades absolutas, mas ter a capacidade de nos questionarmos, não com excessiva autocrítica, mas buscando entender o que sentimos e por quê. "Será que esse ciúme faz sentido?", "Por que estou tendo preconceito com alguém que nem conheço?", "Por que estou diminuindo o outro para elevar minha autoestima?", "Será que não estou sendo prepotente nesta situação?" – esses são somente exemplos de perguntas diárias que podem nos fazer evoluir e ter uma sensibilidade mais apurada.

6. Passe mais tempo com pessoas sensíveis

Às vezes, é difícil exercitar a sensibilidade se durante boa parte do tempo estamos em ambientes rígidos, onde não se pode falar sobre sentimentos, dores, afetos, só sobre sucesso, certezas e regras. O meio influencia muito quem somos e como pensamos, e pode atrapalhar nosso desenvolvimento. Se estamos perto de pessoas sensíveis, porém, começamos a entender como elas pensam e sentem, e nos abrimos mais para reconhecer e demonstrar nossa sensibilidade. Quanto mais ficamos perto de pessoas que admiramos e com quem somos cem por cento verdadeiros, mais absorvemos essa energia e nos permitimos sentir.

7. Expresse o que sente

Não se cale. Fale sobre seus sentimentos. Se você tem dificuldade, comece com algo simples, expressando algo que está no seu coração para alguém de cuja reciprocidade você tenha certeza. Depois, comece a se arriscar um pouco mais, e lembre-se de que falar sobre sentimentos é uma estratégia não para conseguir algo do outro, mas para buscar uma conexão verdadeira. Ao falar o que sente, você se conecta com a verdade que carrega dentro do peito.

EXCESSO DE SENSIBILIDADE: ISSO EXISTE?

"Será que sou sensível demais para este mundo?"
– Winona Ryder

Talvez você esteja pensando que não precisa de dicas para ser mais sensível porque a sua questão é o contrário: para você, a dificuldade é justamente se desligar do outro, dosar a empatia para sofrer menos e se proteger do mundo externo. Nesse caso, é possível que você seja o que a psicóloga Elaine Aron chamou de "pessoa altamente sensível".

Antes de qualquer coisa, preciso dizer que não é fácil ter um alto nível de sensibilidade. No começo, antes de passar pelo processo de autoconhecimento e aceitação, eu achava que isso fosse um fardo solitário, uma fraqueza ou um defeito, como um termostato desregulado que apitava por qualquer coisa. Quantas vezes ouvi das pessoas que eu era sensível demais ou que me deixava afetar por coisas que nem tinham a ver comigo! Elas pareciam achar que era uma escolha, que eu podia decidir ser ou não ser sensível às situações do cotidiano. Não é. A sensibilidade aguçada é uma característica minha, tanto quanto meu astigmatismo e minha intensidade. Não é algo que posso pôr e tirar quando bem entender.

Descobri em mim essa sensibilidade aguçada durante a adolescência. Quando via alguma discussão ou briga, eu me sentia mal, muitas vezes ficava até com dor de estômago, mesmo que a situação não tivesse nada a ver comigo. Eu tinha uma enorme dificuldade em dizer "não" por medo de magoar as pessoas. Para você ter uma ideia do nível do problema, eu não conseguia recusar nem panfletos de propaganda que as pessoas distribuem na rua. Também me magoava com facilidade, ficava arrasado quando via alguém sofrendo. Como a vida, os sentimentos e as emoções dos outros podiam interferir tanto na minha estabilidade emocional? Esse era um questionamento que eu me fazia constantemente.

Todos somos sensíveis em níveis diferentes e temos capacidade de aprimorar essa característica com o decorrer do tempo. Algumas pessoas demoram para aceitar isso, outras acreditam ser um fardo que carregam, outras ainda demoram para descobrir a própria sensibilidade, mas todas, mais cedo ou mais tarde, terão que aprender a lidar com essa linda e lúdica característica. É fato: pessoas sensíveis precisam aprender sobre si mais rapidamente.

Sim, carregar consigo uma alta sensibilidade é, muitas vezes, um grande sofrimento. Quando não sabemos lidar com isso, essa característica nos machuca e nos coloca em situações nas quais servimos de para-raios dos excessos dos outros. Essa dor surge por falta de conhecimento e compreensão sobre como a sensibilidade funciona e como age no nosso interior. E, por falta de entendimento, achamos que é um fardo, não uma habilidade. Por mais que vejamos o mundo de forma colorida e as alegrias sejam indescritíveis, as dores também são profundas. Não é fácil ser uma pessoa hipersensível, pois tudo nos toca com grande intensidade. Ser sensível é ter um jeito diferente de ver a vida, um jeito diferente de absorver a energia dos ambientes e das pessoas.

Aqui vão algumas características de pessoas altamente sensíveis, segundo Elaine Aron:

- Possuem grande empatia.

- Não conseguem ficar muito tempo em ambientes lotados e barulhentos.

- Choram e se emocionam com facilidade.

- Pensam muito, têm muitas dúvidas e demoram para tomar decisões.

- Têm muito medo de magoar os outros e dificuldade em dizer "não".

- São reflexivas, possuem alto nível de intuição e percepção.

- Expressam sentimentos com mais facilidade.

- Gostam de sutilezas, reparam em detalhes, têm gosto refinado.

- Necessitam de recolhimento e de ficar sozinhas com frequência.

Se você se identificou com vários itens dessa lista, seja bem-vindo ao clube! Nem sempre é bom, muitas vezes sofremos, pouca gente compreende (ou respeita) nossa forma de ver e viver, mas estamos em boa companhia. Muitos artistas, escritores, filantropos, médicos, enfermeiros e ativistas que mudaram o mundo se identificam como pessoas altamente sensíveis.

RELAÇÕES: ONDE A MAGIA ACONTECE

"A empatia é uma qualidade de caráter capaz de mudar o mundo."

– Barack Obama

Quando desenvolvemos a sensibilidade, ficando mais em contato com nossos sentimentos e percepções, quando exercitamos a atitude de perceber, ouvir e entender o outro, aprimoramos nossa capacidade de empatia. Isso tem um efeito positivo, pois nos tornamos muito mais habilidosos em cultivar as relações – e é lá que a magia acontece. É nos relacionamentos com as outras pessoas que podemos trocar experiências, sentimentos, sensações, vivências, e é isso o que realmente importa na vida.

Quando aceitamos nossa vulnerabilidade, nos abrimos para o outro, experimentando a empatia, podemos crescer como pessoa e vivenciar sensações lindas de conexão, propósito e verdade. Enquanto estamos rodeados pelo muro que criamos para proteger nossas fragilidades dos olhares alheios, ficamos isolados: dentro do muro, é tudo "eu eu eu". Para sentir e viver a melhor parte de ser humano, que é estar em contato com os outros e conhecer universos diferentes, é preciso ter a coragem de enxergar além do muro.

Foi só quando abracei minha sensibilidade – que antes eu via como um defeito – que enxerguei melhor meu caminho como escritor, criador de conteúdo, palestrante, ou seja, alguém que vive com base nas conexões com as pessoas. Pude expressar melhor quem eu realmente era, pude mostrar isso para as outras pessoas, e isso só fez bem para mim e para os outros.

Capítulo 4
QUANDO COISAS RUINS ACONTECEM

Meu pai faleceu quando eu tinha 13 anos. Depois de receber a notícia, não sabia se chorava, se corria pela casa sem parar ou se continuava debruçado sobre o jogo de tabuleiro que estava jogando. Fiquei em silêncio. Imaginei que, se não falasse nada e não mudasse meu comportamento, poderia evitar a dor. Por algumas horas, continuei agindo como se nada tivesse acontecido. Talvez pareça uma atitude insensível, até fria, mas foi a maneira que achei, instintivamente, para me proteger dessa perda imensurável.

Por muito tempo me orgulhei de ter conseguido dominar a dor, até de anestesiá-la por completo. Achava que tinha acertado na minha estratégia. Assim, decidi reproduzir essa solução – esquecer o que havia acontecido – nos sofrimentos futuros. O método "bola pra frente" seria a maneira mais fácil de me recompor, varrendo as mágoas para debaixo do tapete e fingindo que a minha vida continuaria exatamente igual (como se fosse possível). Lamento dizer que, na tentativa de proteger meu coração, muitos momentos com meu pai foram apagados da minha mente, talvez para sempre.

No entanto, lembro com detalhes das lágrimas que surgiam quando eu me preparava para novas experiências que não poderia compartilhar com ele. Uma noite, logo após meu pai ter partido, me peguei me perguntando, antes de dormir: com quem eu iria brincar de enumerar as capitais dos países? Quem veria Discovery Channel comigo, apostando um pedaço de bolo de cenoura que o antílope conseguiria fugir do leão? Quem me ensinaria a fazer outras receitas como o melhor ovo mexido do mundo, com pedacinhos crocantes de bacon?

Com exceção dessas lembranças fugazes, não me recordo muito bem de como vivi esse luto. Foi uma fase difícil, conturbada. Por muitos anos, a forma como reagi à morte do meu pai gerou bastante insegurança. Demorei anos para aprender a lidar com todo o sentimento que surgiu às pressas, sem aviso prévio, sem dar tempo nem de fechar os olhos. Não conseguia tocar no assunto com ninguém, nem com a minha mãe, e fazia de tudo para não mencionar meu pai para amigos e namoradas.

Os anos se passaram e até hoje levo no peito um aperto que ainda não sei nomear, e nem sei se preciso. Sinto muita vontade de contar para ele minhas histórias, as que colecionei e guardei somente para mim, de contar que já escrevi alguns livros e que já realizei muitos sonhos que carregava comigo desde a infância, quando ele ainda era vivo. Sei que é óbvio sentir saudade de um pai, de alguém que amamos incondicionalmente e que se foi, mas as coisas óbvias também precisam ser ditas, principalmente quando saem do coração. Palavras guardadas não nos fazem bem, mesmo que a pessoa não esteja aqui fisicamente para nos ouvir. Contamos o que sentimos não somente para os outros, mas para nós mesmos: a gente precisa ouvir o que sente e se desvencilhar de sentimentos presos que nos roubam o brilho.

HÁ DORES QUE PRECISAMOS SENTIR

"A dor nutre a coragem. Não dá para ser corajoso se só coisas boas aconteceram a você."
– Mary Tyler Moore

Por sorte, a medicina avançou a ponto de hoje podermos resolver nossas dores físicas com comprimidos, gotinhas ou, em alguns casos, cirurgias. E isso é maravilhoso. Afinal, se existe um alívio eficaz para o sofrimento, por que não usá-lo?

Infelizmente, quando a dor é no coração ou na alma, a solução não é tão simples. Não existe remédio de farmácia para um sonho que se foi.

Mesmo assim, tentamos nos esconder debaixo das cobertas e esperar a ventania passar, torcendo para que alguns drinques noturnos ou um pote de sorvete ajudem a "superar" o que quer que tenha acontecido. Quando alguma dor surge de repente, a gente quer se anestesiar a qualquer custo.

Alguns recorrem a novos amores, compras ou aventuras cheias de adrenalina para se livrar da tristeza. Outros juram de pés juntos que nem sofreram tanto assim quando o namoro terminou, o amigo brigou, o primo morreu ou o projeto fracassou. Onde será que ficou enterrada a tristeza, a angústia, a desesperança, o medo?

A verdade é que não podemos fingir por tempo indeterminado que esquecemos uma dor que nos marcou feito ferro em brasa. Mais cedo ou mais tarde precisaremos encará-la com coragem, com o peito aberto, e aceitá-la como ela é. Nem sempre conseguiremos entender o porquê de uma dor ser tão aguda, tão presente, mas precisamos aceitar que não podemos controlar tudo, muito menos nossas emoções. Fugir nunca será uma solução inteligente, tampouco sem consequências, pois as dores sempre voltam, e cada vez mais fortes, mais profundas e difíceis de dissolver. Às vezes até provocam doenças físicas quando não tratadas.

A maturidade me ajudou a encarar a dor que sentia pela perda do meu pai. Comecei a transformar minha saudade, ainda cheia de sofrimento e mágoas, em uma lembrança serena. O primeiro passo foi me permitir sentir, sem buscar uma fuga. Também parei de ter medo de reviver as lembranças que eu tinha dele, de coisas que fazíamos juntos, de frases típicas que ele falava, de sua forma de demonstrar carinho. Às vezes achamos que, ao recordar, vamos cair num buraco sem fundo, já que esses momentos nunca vão se repetir. Mas é o contrário: ao me permitir olhar para trás, me senti seguro e feliz pelo pai que tive a sorte de ter, mesmo que por pouco tempo. Claro que ainda sinto uma saudade enorme, e seria estranho se não a sentisse, mas é cada vez mais suave, mais bem resolvida. Já não é tão asfixiante.

Uma dor que não foi digerida, ou mesmo que nos recusamos a sentir, assusta. Chega a ser sufocante; nos deixa em apneia e nos faz querer fugir sempre que dá as caras. Uma dor bem resolvida não assusta, mas volta e meia nos chama para conversar. Ela não deixa de bater à porta e relembrar alguns sofrimentos, mas conseguimos extrair deles algum aprendizado e elaborar o que se passou de maneira mais calma e lúcida. Pouco a pouco, é como se não estivéssemos mais dentro do buraco negro da dor, mas o analisando de fora. E, sob essa nova perspectiva, enxergamos uma grandeza que no auge da dor nunca imaginamos ser possível.

Antes, eu não gostava de falar sobre a morte do meu pai, me fechava e fugia de qualquer possibilidade de uma conversa cair nesse tema. Hoje, estou escrevendo sobre isso neste livro. Não vou mentir, dizendo que foi fácil. Revisitar feridas é sempre dolorido, não tem jeito. Mas, ao lembrar e recontar o que aconteceu, percebi como evoluí como pessoa. A morte do meu pai deixou marcas, mas também me mostrou minha resiliência, minha força. E, em parte, essa força faz parte do legado dele.

Aceitar a dor é também perdoar o destino e saber que os acontecimentos sempre serão indeléveis. Muitas vezes me questionei se deveria ter feito algo diferente, talvez observado a dor com mais calma e sentido na pele o que o sofrimento pedia que eu sentisse. Por muito tempo não fui verdadeiro com a dor que vivia em mim. No momento que percebi isso, aprendi a dar espaço para ela.

Aceitar a vulnerabilidade é importante não porque nos blinda das emoções negativas, mas porque a coragem muda o sentido da dor.

ONDE HÁ CORAGEM, HÁ PERDA

"Podemos escolher a coragem ou o comodismo, mas não podemos ficar com os dois – pelo menos não ao mesmo tempo. Vulnerabilidade não é fraqueza, mas nossa maior medida de coragem."
– Brené Brown

É preciso que fique claro: onde há coragem, há perda; onde há amor, há risco; onde há sentimento, há palavras a serem ditas. Se você se arrisca, abre seu coração e estende a mão para alguém, muitas vezes você ganha, e, convenhamos, o prêmio é belíssimo. Mas algum dia, em alguma curva sinuosa da vida, você também vai perder. Pode ser uma perda pequena, pode ser uma perda enorme. Precisamos aceitar isso em vez de tentar lutar constantemente contra o fluxo incessante da vida, pois a derrota faz parte do risco do jogo, e não há por que deixarmos de jogar por medo de perder.

Ralar os joelhos faz parte da graça de andar de bicicleta. Não passar no vestibular e se sentir deslocado por isso faz parte do prazer que é um dia passar no vestibular com o mérito de ter estudado. Sentir a angústia de terminar um relacionamento faz parte da beleza do amor que você viveu. E assim por diante. Não temos como nos esquivar das novidades, emoções e tristezas que a vida distribui. Não há como algo nos tornar felizes sem também nos trazer frustrações. Os anos vão se passar e sofrimentos vão surgir, você vivendo ou não, fazendo escolhas corajosas ou não. A perda, seja ela qual for, precisa vir como conhecimento, aprendizado; não podemos deixá-la se instalar na nossa autoestima como se merecêssemos carregar toda a culpa por algo sobre o qual não é possível ter controle.

Cair e levantar. Começar e terminar. Amar e desamar. Rir e chorar. Ficar e partir. Esses são polos que fazem a vida ser tão única e surpreendente. No entanto, mesmo a vida distribuindo vários momentos lindos e memoráveis, muitas vezes ainda escolhemos a zona de conforto, em que as emoções parecem estar seguras – mas é essa a vida que queremos? Vale a pena sacrificar a chance de ser feliz somente pelo medo de um dia ser infeliz? A zona de conforto pode servir como uma boia num mar agitado e turbulento, mas ela precisa ser apenas uma estratégia de sobrevivência, um momento para tomar fôlego, não um abrigo permanente. Precisamos continuar nadando, seguir em frente, buscar novos horizontes e descobrir a vida; acima de tudo, precisamos compreender que a dor sempre será inevitável, mas que isso não pode nos fazer evitar conexões.

COMO MERGULHAR NA DOR SEM SE AFOGAR

"Essas dores que você sente são mensageiros. Escute-os."

– Rumi

Todos temos dores e sofrimentos, mesmo aqueles que aparentam ter uma vida impecável. Términos de relacionamentos, projetos fracassados, demissões, doenças e decepções acontecem com pessoas de todos os tipos, com amigos e inimigos, com precavidos e negligentes. Às vezes é de forma bruta, tirando o seu fôlego: uma morte, uma doença grave, uma traição. Também pode surgir de forma gradual ou mesmo ser algo constante, crônico: uma relação abusiva, uma melancolia misteriosa, o preconceito da sociedade. É triste e injusto, mas tragédias acontecem com qualquer um.

Mesmo assim, quando o raio cai na nossa cabeça, nossa autoestima é colocada em xeque. Não sabemos mais se podemos confiar em nosso discernimento, em nosso merecimento ou naquela pessoa que nos magoou. Perdemos (ainda que temporariamente) a esperança, a fé e a iniciativa de agir e demonstrar emoções. São incidentes que nos desestabilizam e nos deixam desnorteados. Mas não temos como nos proteger de todos os imprevistos da vida. E, já que não sentir não é uma opção, o que fazer com esse turbilhão de sentimentos?

Essa é a grande questão de todos os sofrimentos: como lidar com eles.

Apesar de todos passarmos por sofrimentos e perdas, algumas pessoas parecem reagir melhor que outras. Por que alguns conseguem ver uma luz, mesmo que turva, no fim do túnel, enquanto outros nem sabem onde estão? Por que alguns sofrem tanto e outros reagem com tanta sabedoria? Quais seriam as diferentes óticas possíveis pelas quais enxergar um mesmo problema?

Claro que não existe uma resposta matemática nem cálculos que possam nos poupar de todos os sofrimentos – que são muitos –, mas podemos aliviá-los ao compreender a dor de maneira mais consciente. Após observar inúmeras pessoas, acredito que o segredo esteja em entender como o processo funciona e não deixar que o sofrimento afete todas as áreas da vida. E como fazer isso?

1. Nunca, em hipótese alguma, perca tempo se perguntando "por que eu?"
Eu sei que é quase um reflexo tentar encontrar uma causa maior para a dor, mas, enquanto explicações para "como isso aconteceu?" podem ser úteis – para evitar que o problema se repita, por exemplo –, o mesmo não pode ser dito para a pergunta "por que eu?". Queremos acreditar que somos especiais, imunes a tragédias e rejeições, mas isso é uma ilusão. Sempre que se pegar tentado a cair nessa armadilha, entenda que essa é uma pergunta torturante. A única resposta a isso seria outra pergunta: "E por que não eu?"

2. Encare o sofrimento como uma oportunidade de crescimento pessoal
Muito mais interessante do que olhar para trás em busca de culpados, vítimas e motivos cósmicos para o que quer que tenha acontecido é se voltar para o presente e o futuro: "O que esse episódio tem a me ensinar?" Dores trazem muitos aprendizados. Pode ser que, a partir de um evento ou um período difícil, passemos a valorizar mais as pessoas e as oportunidades. Ou talvez a dor tenha nos colocado em contato com novas amizades, novas visões de mundo, novos caminhos.

3. Não fuja da dor
Como vimos neste capítulo, dar-se permissão para sofrer é importante para que o sofrimento dê lugar a novos sentidos. Não caia na tentação de se anestesiar ou de tentar negar a dor com respostas prontas. Não estou falando para você ficar meses trancado em casa sofrendo, sem sair para estudar, trabalhar ou encontrar amigos; a ideia é chorar quando der vontade, não se afundar nas lágrimas.

4. Confie no tempo
Se você se permite sentir a dor, o tempo faz milagres. A psiquiatra Elisabeth Kübler-Ross fala sobre os cinco estágios do luto, que, embora nem sempre ocorram de maneira clara e separada, é bom saber que existem. Quando estamos cientes disso, a angústia diminui, pois a questão deixa de ser "não quero sentir isso" para se tornar "sei que não vou sentir isso pelo resto da vida". Há dores que nunca vão embora por completo, mas nenhuma continua tão aguda ou ardida depois que o tempo age sobre ela.

5. Apesar dos pesares, entenda que a vida continua
Respeitar sua tristeza não significa viver em torno dela. O namoro acabou, alguém próximo morreu,

você (ou alguém que você ama) foi diagnosticado com uma doença terrível, você perdeu seu emprego ou suas economias, mas o sol nascerá amanhã, seu vizinho continuará tocando aquela música insuportável aos sábados, o jantar precisa ser preparado e alguém, em algum lugar, precisa que você siga fazendo o que fazia antes. Manter a rotina pode parecer impossível num primeiro momento, mas é ela que nos chama de volta para a vida, para fora do buraco negro.

6. Permita-se sorrir
Se você está com vontade de sorrir ou de sair para se divertir, mas se sente culpado porque acabou de passar por algo triste, saiba que a recusa à alegria é o outro lado da recusa ao sofrimento. Nenhum tipo de censura emocional é bom. Mesmo em tempos sombrios, há pequenas alegrias por toda parte. E essas alegrias agem como um bálsamo para nosso coração ferido.

7. Busque ajuda profissional se necessário
Tristeza, melancolia e desesperança prolongadas podem ser sintomas de depressão. Nem sempre conseguimos superar perdas, dores ou traumas sozinhos.

Procurar um profissional não é luxo nem motivo de vergonha, e sim uma necessidade em muitos casos. Por isso, sempre que precisar, busque ajuda.

NÃO TRANSFORME O SOFRIMENTO EM UMA SENTENÇA

"Não importa o que fizeram de mim. O que importa é o que eu faço com aquilo que fizeram de mim."
– Jean-Paul Sartre

Um dos maiores perigos em períodos de sofrimento é transformá-lo em sentença. Generalizamos a dor, supondo que qualquer evento negativo que vivermos se repetirá sempre da mesma forma, talvez por uma questão imutável ou intrínseca a nós. Por exemplo: "Fiquei de recuperação porque sou burro, nunca vou ser bom em nada" ou "Ela terminou comigo porque eu não mereço uma mulher tão incrível".

Repare a falta de lógica dessas frases. Tirar boas notas não é atestado de inteligência; da mesma forma, não é porque você tem dificuldade em física que não poderá se tornar um excelente advogado, músico ou outro profissional (especialmente em alguma área que não envolva conhecimentos de física, mas de qualquer modo você pode estudar mais e passar a entender a matéria). Quanto ao namoro, desde quando o amor tem lógica? Há pessoas incríveis por toda parte. Algumas vão se amarrar em você, outras não. O merecimento passa longe dessa equação.

Na psicologia comportamental, isso é chamado de crença limitante. São afirmações que adotamos como verdades sem comprovação e que restringem nossa atitude e nossas escolhas. As mais simples de serem reconhecidas são aquelas muito categóricas, que quase sempre começam com a palavra "nunca". Exemplos: "Nunca vou alcançar o meu sonho", "Nunca mais vou amar ninguém daquele jeito", "Nunca vou encontrar um emprego tão bom". Mesmo não sendo verdadeiras, essas crenças agem como profecias autorrealizáveis, porque quem não acredita nem tenta, e quem não tenta nunca alcança.

Portanto, evite generalizações e, acima de tudo, não se feche para a vida após uma perda, pois isso só garantirá o prolongamento da infelicidade. O maior conselho que eu posso lhe dar é que você não se permita ser definido por algo que o fez (ou continua fazendo) sofrer. A dor deixa uma marca, mas não precisa definir você pelo resto da vida. Meu pai morreu, e isso me marcou muito, mas não quero assumir o papel do pobre menino perdido e desnorteado. Você pode ter tido muita dificuldade em relacionamentos, mas isso não o define como incapaz de ter um relacionamento feliz no futuro. Não permita que tragédias se tornem sentenças.

Dependendo da situação, é claro, pode haver um trauma mais grave, que precisa ser tratado com a ajuda de um psicólogo ou mesmo de um psiquiatra, de forma séria. Se você suspeita de que algo doloroso do seu passado tenha se tornado um impeditivo na sua vida, talvez seja o caso de conversar sobre isso com um profissional capacitado.

A BELEZA ESCONDIDA SOB A FERIDA

"Grande parte da beleza da luz se deve à existência das trevas."

– Brené Brown

Grande parte das transformações exige algum sofrimento. O ouro é derretido e forjado para se produzir uma aliança; o mármore é cortado e esculpido para virar uma obra de arte; a semente da sequoia, a maior árvore do mundo, precisa ser queimada para dar origem a uma nova árvore. Às vezes, aquele acontecimento que nos fez achar que iríamos morrer foi importante para fazer florescer algo mais bonito, mais forte e mais autêntico dentro de nós.

A capacidade de extrair sentido de um episódio triste, trágico ou traumático – sem buscar respostas fáceis, culpados, vítimas e soluções prontas – engrandece a alma. Muitas vezes, descobrimos em nós uma força interior que nunca havíamos imaginado ter. Surpreender-se com nossa resiliência e criatividade aumenta exponencialmente nossa autoestima. Não é comum que reconheçam nossa superação, mas, em vez da aprovação externa, conquistamos algo muito mais valioso e duradouro: a nítida prova da nossa coragem, da nossa capacidade de ir além dos limites e de sobreviver. E, ao contrário do que imaginávamos quando não nos aventurávamos fora da nossa zona de conforto, saímos muito mais fortalecidos para seguir vivendo com vulnerabilidade e autenticidade.

Capítulo 5
COMO LIDAR COM PESSOAS TÓXICAS

Após a separação e, especialmente, a morte do meu pai, minha mãe precisou recorrer à ajuda do meu avô para nos sustentar. Apesar de trabalhar em tempo integral, ela não conseguia arcar com todas as despesas de casa. Antes disso, chegamos a viver uma fase financeira muito boa, cheia de privilégios, mas confesso que pouco me recordo desses anos; eu era muito pequeno. Pouco depois meu pai perdeu grande parte do que tinha. Honestamente, eu me lembro mais do que minha mãe contava sobre a vida confortável que levávamos antes do que das benesses em si. Não me recordo da viagem à Disney, dos brinquedos, muito menos dos bons pratos que devo ter comido. Não nos sobrou muita coisa daquela época, mas minha mãe ainda guarda um enorme álbum de couro preto em que ela colou, com capricho, fotos daquele período feliz.

Em Blumenau, não posso dizer que éramos pobres, mas vivíamos apertados, e a dificuldade só não era pior graças à ajuda do meu avô materno. Você já ouviu pessoas descrevendo alguém com hipérboles do tipo "tem um coração tão grande que não cabe nele" ou "é só coração", não é? Pois é assim que as pessoas falam do meu avô. Ele nunca negou ajuda a ninguém; doa-se integralmente para os outros e, como eu, tinha uma enorme dificuldade em dizer "não" quando lhe pediam algo. É o jeito dele: carismático, social e cheio de boas intenções.

Mas é claro que essa não é a história toda. Havia uma infinidade de pequenas regras na minha família, e muitas estabelecidas por ele. Por exemplo, o almoço era sempre no mesmo horário, carro bom era de uma única marca, comida boa só havia em um único restaurante. As avaliações do meu avô eram sempre as mais pertinentes e mais importantes. E se alguém, em algum momento da conversa – fosse à mesa do almoço ou em um papo descontraído após um dia na praia –, resolvesse contrariá-lo ou apresentasse uma opinião diferente, ouviria um enorme sermão. O mais curioso é que ninguém concordava com essa situação, mas todos ficavam calados. Meu avô exigia respeito – o que significava concordar com ele em tudo.

Eu, no silêncio da minha pequena idade, pensava: é assim que se respeita alguém? Guardando nossa opinião a sete chaves para não "ofender" todas as certezas que o outro carrega consigo?! Quantas vezes ouvi uma repreensão da minha mãe quando emitia alguma opinião diferente, pois havia lido ou aprendido algo que o contradizia? Sinto que ela fazia isso não como censura, mas para me proteger de uma possível bronca. Eu respondia: "Mas, mãe, não estou discutindo, só estou dando uma opinião diferente..." Ela não queria me ver triste justamente por ter a opinião desconsiderada pelo meu avô, e sabia melhor do que ninguém como lidar com o jeito dele de ser.

Talvez por eu ser o caçula da família, meu avô tinha uma postura ainda mais complicada comigo. Desde quando eu era um menininho de óculos, ele tinha a capacidade de podar minhas opiniões, meus sonhos, minhas vontades, quaisquer que fossem, em um estalar de dedos. Isso marcou minha infância e fez minha autoestima ir diminuindo em doses homeopáticas.

Vou dar exemplos. Quando eu comentava algo que achava interessante ou contava ao meu avô um desejo secreto, frequentemente recebia comentários do tipo "Não vai dar certo", "Não é assim que a vida funciona", "Você é muito novo para opinar". Eu chegava à mesa cheio de expectativas, com uma euforia quase inocente, esperando o momento exato para falar e dividir alguma novidade que era importante para mim, por menor que fosse, e, após um banho de água fria, me sentia acuado, desinteressante. De corte em corte, fui me calando, guardando minhas percepções para mim e acreditando que não tinham mesmo muito valor.

Durante grande parte da adolescência, não tive direito a opinião. Quando nos reuníamos, minhas colocações eram exterminadas em segundos e minhas conquistas eram sempre consideradas inferiores às de outras pessoas. "Viu que o filho da vizinha passou no vestibular em terceiro lugar?" Ouvindo comparações como essas, observando como ele enchia a boca para falar das conquistas alheias, eu sentia que minhas iniciativas nunca eram o suficiente para agradar, para gerar orgulho e valorização.

Meu avô era como um pai para mim, e busquei incessantemente sua aprovação. Queria que ele me escutasse, que conversasse comigo sem frases prontas e demonstrasse admiração pelo universo que eu carregava comigo. Quando temos alguma verdade dentro de nós – seja a vontade de trabalhar com algo diferente, tatuar o corpo inteiro, mostrar um trabalho da faculdade, viajar pelo mundo e não ter residência fixa, converter-se a uma religião ou não ter nenhuma, contar nossa orientação sexual para o mundo –, queremos dividi-la com quem amamos e ser aceitos por isso, pois nossa verdade é nosso maior bem. Se não pudermos dividi-la com nossa família, por medo de críticas e rejeição, com quem poderemos contar? E como fica nosso senso de valor próprio quando nossas referências parecem não nos valorizar?

CRÍTICAS CONSTRUTIVAS X DESTRUTIVAS

> *"Não aceite críticas ou feedback de pessoas que não estão sendo corajosas com a própria vida. Isso pode destruir você."*
>
> – Brené Brown

Contei essa história para falar não de amor, mas de autoestima. Nunca duvidei do amor do meu avô por mim, mas até pessoas que nos amam de verdade podem minar nossa autoestima, mesmo que não tenham essa intenção ou que não percebam quanto nos desestabilizam emocionalmente com suas ações.

Muitas vezes elas não apenas não sabem que estão nos magoando ou drenando nossa segurança pessoal como acreditam, de fato, que estão nos ajudando a amadurecer, a ser mais fortes. São julgamentos, comentários e opiniões mais contundentes que vêm sob a roupagem de um apoio, uma crítica construtiva ou mesmo de conselhos para nos ensinar a viver e a ser alguém melhor. Acredito que seja por isso que familiares ou outras pessoas próximas criticam de forma tóxica, por realmente acreditarem que é uma maneira saudável de demonstrar carinho e proteção.

Há pessoas que têm uma armadura que as distancia da percepção dos sentimentos, tanto dos outros quanto dos próprios. Carregam consigo uma certeza arrogante, como se acreditassem que podem nos poupar dos males do mundo. O discurso é: "Eu vivi muito e sei o que estou falando, então faça desse jeito e você chegará aonde cheguei." Mas quem disse que eu quero chegar aonde você chegou? E não digo isso com desdém, mas é que cada um deseja seguir seu caminho e alcançar suas conquistas. Sonhos não se desenham com os mesmos traços. Não é por serem da mesma família que todos vão seguir o mesmo caminho.

É difícil manter a autoconfiança quando nos puxam para baixo diariamente. Começamos a nos questionar sobre a sanidade do que pensamos e nos julgamos em dobro diante de qualquer comentário negativo a nosso respeito, principalmente quando é dito por alguém que exerce influência sobre nós. Por serem pessoas de quem gostamos, por quem temos admiração, não entendemos o motivo dessa atitude tão corrosiva, já que, na nossa cabeça, estamos fazendo tudo certo.

É um engano pensar que toda crítica é válida, pois estímulo e motivação não se dão da mesma maneira para todos, e é preciso sensibilidade para perceber como cada um funciona e identificar qual modo é mais apropriado.

Uma mesma substância pode ser remédio ou veneno, dependendo da dose aplicada. É preciso saber quanto usar, por melhor que seja a intenção, e, para isso, só sentindo e conhecendo a pessoa a quem se dirige a palavra. Esse é, mais uma vez, o poder da empatia em ação: prestar atenção no outro, não em nós, para saber a melhor maneira de agir.

O QUE SÃO RELACIONAMENTOS TÓXICOS?

"Não tenho o direito, através de algo que eu faça ou fale, de diminuir um ser humano em seus próprios olhos. Minar a dignidade de um homem é um pecado."
– Antoine de Saint-Exupéry

Um relacionamento é tóxico quando, no saldo do convívio, a pessoa faz mais mal do que bem ao outro, rouba mais do que oferece. Se há sofrimento e desvalorização constantes, é tóxico. E isso independe de haver ou não amor e carinho: pode haver amor e ainda assim ser um relacionamento tóxico.

Nem sempre a pessoa de atitude nociva age assim com más intenções. Às vezes ela apenas tem características que prejudicam o outro, que o deixam emocionalmente exausto. Exageram em críticas e expectativas, ainda que bem-intencionadas, procurando alguém para controlar ou em quem despejar sua negatividade.

Em geral, a pessoa demora a tomar consciência do problema, pois são pequenas coisas que se acumulam: críticas desmedidas e constantes, atitudes mesquinhas em público, atos egoístas em situações em que o outro se doou, desrespeito a necessidades, grosserias. Outro motivo para ser tão difícil identificar uma relação tóxica é que em geral ela envolve uma pessoa próxima, por quem nutrimos respeito, amor ou carinho.

Você não entende o porquê dessas atitudes e tenta justificar para si mesmo argumentando que "é o jeito dele/dela", "ele/ela sempre foi tão legal"… O carinho o cega para alguns indícios e o faz aceitar pequenos ataques recorrentes. Acontece que o efeito dessa sucessão de incidentes é corrosivo, come sua autoestima pelas beiradas, e você só consegue perceber o buraco quando já está profundo.

Vou contar uma história que exemplifica o que estou falando. Bruna (nome fictício) e eu somos amigos há muitos anos. Foi ela quem me ensinou a assoviar quando eu era pequeno, e somente pessoas com muita intimidade e amizades fiéis dividem entre si a técnica milenar de assoviar. Bruna namorava um cara aparentemente legal. Ele tinha um bom trabalho, era dedicado e presente, e tinha vários outros atributos positivos que quem o conhecia mais intimamente dizia serem verdadeiros. Não cheguei a conhecê-lo, porque Bruna fazia parte daquele grupo de Pessoas que Mudam Muito Depois que Começam a Namorar. Mas nunca me preocupei com seu afastamento, pois ela parecia feliz, tranquila. Às vezes a gente se distancia dos amigos para criar nosso universo com aquela pessoa especial, é normal.

Um dia, numa tarde de domingo no Rio de Janeiro, com aquele sol que oferece dias irrecusáveis para ficar fora de casa, Bruna me convidou para tomar uma cerveja e colocar o papo em dia. Para mim, seria uma cervejinha normal, para rirmos de besteiras e falar amenidades. Conversa vai, conversa vem, ela começou a desabafar sobre o relacionamento com o tal cara, que já durava mais de três anos. Ela tocou no assunto com uma voracidade que deixou claro que precisava falar sobre aquilo. Era como se seu corpo estivesse gritando por uma opinião de alguém em quem confiava.

– Mas aconteceu algo específico? – perguntei.

– Não, não aconteceu nada... Ele é bacana, está sempre disposto a me ajudar, minha família adora ele!

– Então por que você sente que não está legal?

– Não sei, me sinto desanimada, cansada, querendo cada vez mais ficar sozinha...

Bruna sempre foi uma mulher feliz, extrovertida, que brilhava, falava alto, fazia suas brincadeiras quando sentia vontade, dançava quando queria e pulava Carnaval como uma criança numa cama elástica. Ela não me parecia triste, só não aparentava scr a mesma de antes.

– Saudade de sair, falar besteiras, de ser mais eu...

– E o que te impede de ser mais você? Ele não te deixa sair?

– Não, ele nunca me impediu, mas sei que quando eu voltar para casa vai ter alguma reclamação, ele vai ficar apontando os meus erros, criticando as minhas amigas...

– Vocês conversaram sobre isso?

– Sim, inúmeras vezes!

– E?

– Ele diz que é só preocupação...

Era perceptível como a "preocupação" dele era, na verdade, uma maneira de exercer domínio sobre ela, e tudo tinha começado de forma tão sutil, crescendo pouco a pouco, que ela só percebeu depois de anos. Conversamos muito naquele dia, e fiquei feliz em vê-la falando por horas a fio. Se fôssemos mais conscientes de como o simples ato de escutar alguém com atenção pode elevar a autoestima de quem precisa falar, o mundo seria mais ouvido e menos boca.

Apesar das críticas incessantes, seu namorado parecia ser uma pessoa boa e gostar dela. Só que queria moldá-la ao jeito dele. Bruna foi me contando várias situações nocivas, e era visível que ela não tinha mais a mesma energia, a mesma vibração. De forma sutil – ela disse que ele nunca tinha sido grosseiro com ela –, ele fazia imposições, e ela, por amá-lo, acabava cedendo sem perceber as escolhas que estava fazendo. Eram pequenas situações diárias que a fizeram finalmente se questionar sobre a própria segurança pessoal. Quando percebeu, ela já estava se sabotando, despindo-se de sua linda autoconfiança e de seu brilho, baixando a cabeça, pensando demais antes de falar e de agir, definhando emocionalmente, perdendo, assim, o que tinha de mais bonito: sua espontaneidade.

COMO RECONHECER UMA RELAÇÃO TÓXICA

"Algumas pessoas são como nuvens: quando somem, o dia fica lindo."

– Autor desconhecido

Sabe aquela história do sapo que é cozido vivo? Quando tentaram jogar o sapo na água fervendo, ele se queimou e prontamente saltou da panela, mas, ao colocá-lo na panela de água fria e aumentar a temperatura da água aos poucos, o sapo só percebeu que estava sendo cozido quando era tarde demais.

Essa é uma boa metáfora para as relações tóxicas. Em geral, o controle e o abuso começam de forma bem sutil, devagar, praticamente imperceptível. É fácil culpar a fome, um dia ruim no trabalho, até a lua. Com o passar do tempo, fica mais difícil atribuir a responsabilidade a acontecimentos externos, a mercúrio retrógado e, como a pessoa tenta insistentemente, a você.

Aqui vão alguns sinais de que a relação se tornou tóxica:

1. Você escuta críticas e reclamações diárias e incessantes, às vezes humilhantes

Comentários negativos são uma forma de controlar você, minar sua autoconfiança e tolher sua liberdade. Se isso acontece com frequência, se vem se agravando e se provoca vergonha intensa, pode acender o alerta.

2. Suas qualidades nunca são reconhecidas, muito menos enaltecidas
Quando os elogios ou outras demonstrações de estima se tornam escassos, é preciso se perguntar se o rumo da relação continua sendo bom para ambos.

3. Você sente dificuldade em dizer "não" e em se impor perante a pessoa
Pessoas tóxicas costumam ser muito difíceis: fazem muitas exigências e querem tudo sempre do jeito delas. Depois de um tempo, você acaba cedendo ou aceitando tudo para não se desgastar.

4. Você pensa duas, três, quinze vezes no que dizer, tentando driblá-la para não haver conflitos
Se você começa a perder a vontade de dividir sua vida com a pessoa, pois sabe que logo após virão comentários destrutivos, seja para criticar ou para lhe tolher, pode ser um sinal de que o relacionamento se tornou tóxico.

5. Sua energia está sempre baixa, especialmente depois de passar bastante tempo com a pessoa
A negatividade das pessoas tóxicas tem um efeito sugador, que drena a energia do outro, deixando-o mentalmente exausto.

6. Você não se lembra da última vez que tiveram um momento leve e divertido juntos
Se você não consegue mais extrair alegria e cumplicidade da relação, algo está muito errado.

7. Houve violência física
Empurrar, segurar com força, dar um tapa, bater: se isso já aconteceu, mesmo que tenha sido uma única vez, busque ajuda. Nesse caso, o relacionamento passou de tóxico para abusivo.

Isso serve também para amizades, ainda que pareçam saudáveis e recíprocas. Fique de olho se o seu amigo nunca perde uma oportunidade de deixá-lo de fora e fazê-lo passar vergonha, de menosprezá-lo somente para alimentar o próprio ego. Pessoas assim se acham donas da razão e sempre dão um jeitinho de fazer você se sentir culpado por pequenos incidentes, de diminuir suas conquistas, fazendo comparações ou mentindo sobre e para você só para "sair por cima". Na maior parte do tempo, por mais que goste da pessoa, você fica com uma sensação de estar sendo usado, de ser descartável, de que sempre há algo ou alguém mais interessante que a sua companhia.

Vejo muitas pessoas mantendo amizades tóxicas de longa data pois já foram bem próximas e têm histórias fantásticas para contar. Mas não podemos manter algo que nos mutila emocionalmente em nome de algo que *um dia* foi bonito. Um passado feliz não pode justificar um presente triste e exaustivo. Dê um passo atrás e se questione se essa relação ainda faz sentido na sua vida. Não é vergonha alguma ter essa dúvida.

Uma relação, seja entre namorados, amigos, familiares, etc., não pode ser uma eterna disputa de egos ou um convívio cheio de medo e palavras contidas. Essa busca deve ser direcionada para dar valor a si próprio, para recuperar a sua voz.

ÀS VEZES É PRECISO DIZER ADEUS

"Livrar-se de pessoas tóxicas é um passo importante em direção ao verdadeiro amor-próprio."

– Will Smith

Às vezes é possível recomeçar, conversar abertamente, propor uma nova maneira de se relacionar e encontrar um novo caminho juntos, mas, dependendo do estágio em que a relação estiver, só o afastamento pode resolver. Seja o relacionamento que for (familiar, amoroso, amizade), o processo de desintoxicação exige coragem, porque é bem difícil mudar o rumo de uma relação quando a outra pessoa está muito resistente. Sem dúvida, mesmo nesse momento ouviremos palavras duras do outro. E certamente nos sentiremos culpados por querermos nos afastar.

No caso de relações abusivas, é fundamental buscar ajuda – às vezes não só de amigos ou parentes, mas também de profissionais, especialmente se houver um histórico de violência.

O distanciamento não é uma fuga ou um desrespeito com o outro, mas uma maneira de reconstruir sua autoestima e ressignificar essa pessoa na sua vida. É triste admitir, mas nem sempre as pessoas que amamos nos fazem bem.

Não existe uma receita para encerrar uma relação tóxica, mas esta lista pode lhe dar alguma ajuda para que, com o apoio daqueles que lhe querem bem, você se liberte daqueles que não lhe *fazem* bem.

- Pratique dizer "não", por mais difícil que seja. Não

se sinta mal por atender primeiro às próprias necessidades.

- Entenda que você não precisa agradar a todos nem será capaz disso.

- Procure não tomar críticas como se fossem verdades absolutas. Reflita, analise e pondere se fazem sentido ou não, se você de fato precisa melhorar em algo, se de fato cometeu um erro ou se aquele comentário é mais uma tentativa do outro de exercer controle sobre você.

- Seja verdadeiro com seus sentimentos, sempre confiando na sua intuição.

- Não tenha medo de cortar relações nem se sinta culpado por isso. Lembre-se de que você está protegendo a pessoa mais importante da sua vida: você.

- Procure se cercar de pessoas que fazem você se sentir bem e que estejam comprometidas com seu bem-estar.

- Converse, se abra, seja honesto consigo mesmo. Busque apoio profissional, se for o caso.

- Faça planos. Não tenha medo de sonhar com uma vida nova e comece a tomar medidas para torná-la realidade.

Ninguém merece carregar um peso imposto injustamente pelo outro. Já bastam as tragédias da vida e as responsabilidades que temos com as nossas famílias. Por isso, pense sempre em você, faça escolhas pensando no seu bem-estar em primeiro lugar. E não ache que isso é egoísmo ou falta de solidariedade; é um cuidado necessário, pois só podemos fazer bem aos outros se nos sentirmos bem com nós mesmos.

Uma metáfora que faz muito sentido nessa questão é aquela fala dos comissários de bordo de aviões:

"Em caso de despressurização, máscaras individuais cairão automaticamente dos painéis acima da sua poltrona. Nesse momento, puxe a máscara mais próxima para liberar o oxigênio, posicione-a sobre o nariz e a boca, ajuste o elástico em volta da cabeça e respire normalmente. Aos passageiros que viajam com crianças ou alguém que necessite de ajuda, lembramos que deverão colocar a máscara primeiro em si mesmos para depois auxiliá-los."

Para cuidar dos outros, cuide primeiro de você.

Capítulo 6
SEJA SEU MELHOR AMIGO

Por muitos anos, escrever foi uma paixão clandestina. Embora fosse algo que eu amasse fazer e sentisse que era minha feliz sina, dizia para mim mesmo que era somente um passatempo, algo a ser deixado em segundo plano. Viver de escrita? No Brasil? Quem era eu para me achar escritor, e ainda por cima tão novo? O que eu tinha de tão interessante para dizer ao mundo? As pessoas ainda leem? Esquivei-me do que sentia não porque não gostasse o suficiente de escrever, mas porque tinha pavor de ser rejeitado, de não me julgarem bom o suficiente, de me descobrir uma fraude ou até coisas piores que minha imaginação fértil e insegura criava. Pensava que dividir meu íntimo com o mundo, ou, pior, com alguém próximo, era ter o peito aberto demais para a insegurança que eu carregava comigo.

Depois de muito tempo resistindo àquela voz interior que me suplicava para escrever, descobri que o que eu precisava era conversar mais comigo mesmo, me ouvir com mais atenção. Para isso, deveria imaginar como eu faria com o meu melhor amigo. Descobri que necessitava conquistar segurança e me arriscar um pouco mais. Se eu não confiasse em mim, quem confiaria?

Então criei coragem e comecei a publicar meus textos na internet, mas sem assinar. Deixava a parte do nome em branco, como se tivesse esquecido. Achei que assim me blindaria dos julgamentos, me protegeria das opiniões alheias. Ledo engano. Os elogios vieram aos montes – as críticas também. E, embora os elogios fossem incomparavelmente mais numerosos, eu atentava mais às críticas. Lia os comentários todos e, ao final, ficava triste por não ter sido apreciado com unanimidade. Era exatamente como na adolescência, só que agora sob outro aspecto.

Até o momento em que percebi que, ao deixar meu nome em branco, eu só estava me boicotando. Do que exatamente eu estava me protegendo? De quem estava querendo esconder as críticas, se eu mesmo lia todas elas, me torturando? Não estava conseguindo me proteger de nada, apenas me enganando – como se a dor só fosse sentida quando outros vissem.

Acontece que o medo nunca foi das críticas, mas de não me aceitarem. Era medo de ser mal avaliado. Descobri, através da omissão do meu nome nos textos, que a dor surge quando não estamos preparados para recebê-la, não importa se é pública ou privada. Muito mais do que receber aprovação externa, eu precisava me aceitar, como aceito meus amigos. Quando isso acontecesse dentro de mim, as críticas não teriam tanta importância.

Demorei a entender que não posso depender dos outros para realizar coisas que dependem somente de mim, muito menos esperar aprovação integral. Será que vale a pena virar as costas para nossos sonhos ou postergar nossa realização pessoal em nome do ideal de terceiros, às vezes até mesmo de estranhos? Isso é muito injusto com as nossas vontades e com os nossos sonhos mais íntimos. Da mesma forma que as pessoas nunca vão atender totalmente às nossas expectativas, sempre vamos desapontar alguém. E tudo bem.

Em minha busca pela autoaceitação, algumas reflexões me ajudaram muito a silenciar as críticas e dúvidas internas, permitindo despertar minha voz. Neste capítulo, quero compartilhá-las, na esperança de que também ajudem você a ter a coragem de honrar o compromisso com a sua verdade.

UM COMPROMISSO COM VOCÊ MESMO

"Os fatos são sonoros, mas entre os fatos há um sussurro. É o sussurro que me impressiona."
– Clarice Lispector, em *A hora da estrela*

Precisamos criar um compromisso interno de nos respeitar e nos ouvir. Escutar nossa intuição, sentir o que o coração pulsa e avaliar muito bem o que os outros falam. Não digo para tapar os ouvidos e sair por aí cantarolando, até porque seria uma atitude infantil, mas para ter clareza e ponderar sobre o que faz sentido, o que você deve extrair e guardar com você e o que é somente uma opinião ou uma crítica sem relevância.

Todos nós temos uma voz interior que cochicha constantemente nos nossos ouvidos, algo que nos guia à nossa verdade; uma inclinação sincera, que precisa ser percebida com carinho e atenção, pois não se prende a nenhum tipo de estética ou imposição social, mas a uma intuição exclusivamente nossa. Uma verdade única. Muitas vezes não conseguimos nem nomeá-la, mas conseguimos senti-la claramente. A sua verdade é diferente da minha, que é diferente da de outra pessoa, que também é diferente de outro indivíduo e assim por diante. E essa capacidade de cada um sentir diferente, de pensar diferente, de criar beleza e amar diferente, mas sempre de forma autêntica, é o que faz tudo nesta vida ser tão encantador e genuíno.

Essa voz é muito suave, frequentemente um sussurro, nos indicando o caminho que nosso coração gostaria de seguir. Porém, se levamos uma vida diferente daquela que sentimos que poderíamos levar, acabamos silenciando esse sussurro, para evitar a dúvida e a insegurança que ele pode trazer; abafamos o cochichar das emoções, dos sonhos, acreditando que estamos buscando tranquilidade e paz de espírito. Acontece que quanto mais pedimos silêncio, mais fraca e distante essa voz vai ficando. Mesmo que seja insistente, ela não permanecerá caso não acreditemos nela.

Fugir do que o coração pede, do que a alma grita, nunca é uma escolha saudável.

Ouvir nosso interior não é fácil, mas é transformador. Aliás, arrisco dizer que nada há de mais gratificante. A vida é uma jornada solitária, porém cheia de conexões bonitas. Existem coisas que precisamos fazer sozinhos, amadurecer e aprender a sofrer em silêncio para nos reerguer e construir uma autoestima sólida e independente, mas quando encontramos pessoas que nos impulsionam em direção aos nossos sonhos, tudo fica mais divertido.

PRATIQUE A AUTOCOMPAIXÃO

"Se você está constantemente se julgando e se criticando enquanto tenta ser gentil com os outros, você está criando barreiras e distinções artificiais que só geram sentimentos de separação e isolamento."

– Kristin Neff

Você trata seus amigos melhor do que trata a si mesmo? Já parou para pensar que, em geral, somos nossos críticos mais ferrenhos? A gente se pune na hora de terminar um relacionamento tóxico, por mais que ele nos faça mal; a gente se pune por deixar de gostar de alguém, por mais incontroláveis que sejam as emoções; a gente se pune por não passar no vestibular, por maiores que tenham sido nosso esforço e nossa dedicação; a gente se pune ao se olhar no espelho, por mais saudável que seja o corpo ali refletido; a gente se pune ao falar demais, por mais verdadeiras que tenham sido as palavras; a gente se pune quando chora, por mais que as lágrimas não peçam autorização para sair. A gente se pune demais por tomar medidas necessárias, por reagir de forma humana ou por não atingir um ideal de perfeição.

Faz parte da vida ter que tomar atitudes firmes às vezes. Porém nos criticamos severamente, mesmo que tenhamos tomado a decisão certa. Pensamos tanto se estamos sendo justos, se demos o nosso melhor, que por vezes transformamos uma situação positiva, em que demonstramos proatividade, em algo negativo, cheio de pessimismo. Como se o bem que fizemos não fosse tão bom assim. Nossa percepção de certo e errado parece nunca estar a nosso favor. Pedir aprovação interna para qualquer atitude e questionar em tempo integral "se agimos bem", pensando em todas as variáveis e colocando pitadas de julgamentos agressivos, é injusto demais com a nossa autoestima.

A propósito, a pesquisadora budista Kristin Neff afirma que mais importante que a autoestima é a autocompaixão. Segundo ela, o problema com a autoestima é que, de certa forma, ela está condicionada pela comparação: estamos melhores ou piores que fulano? A autocompaixão, por outro lado, envolve reconhecer o valor intrínseco de todos nós e a igualdade: "Estamos todos no mesmo barco e não sou melhor nem pior que ninguém." Assim, todos merecemos compreensão, gentileza e paciência – sobretudo de nós mesmos.

Quando sinto que estou fazendo o meu melhor e mesmo assim me critico em excesso e percebo que estou me esgotando com isso, me questiono: eu falaria assim com um amigo? Eu criticaria alguém que amo da mesma forma que estou me criticando, mesmo se soubesse que ele ou ela está dando o melhor de si? Esse questionamento basta para que eu me recorde, com um sorriso no rosto, que as pessoas que mais amo não são perfeitas. Longe disso. Elas carregam lindas imperfeições, e por isso gosto delas, pois são reais, verdadeiras, honestas com suas particularidades.

Quando a crítica se tornar uma visita inoportuna, questione-se: as pessoas que você ama são perfeitas? Então por que se cobrar tanto? Autocrítica excessiva é uma das piores maneiras de autoflagelação. Lembre-se de sempre ser seu melhor amigo.

BUSQUE O EQUILÍBRIO

"Os extremos são vícios. No meio deles é que está a virtude."

– Aristóteles

A busca pelo equilíbrio é uma constante no dia a dia de pessoas conscientes. Afinal, tudo na vida é uma questão de encontrar o meio-termo, de alinhar nosso eixo. Doar-nos aos nossos sonhos e projetos, mas sem deixar para trás quem amamos. Dividir a vida com quem amamos, mas sem deixar de ter opinião e identidade próprias. Dizer o que sentimos de peito aberto, mas não viver esperando ansiosamente que todos nos compreendam e nos aceitem. Tolerar situações do cotidiano, mas sem permitir que essa paciência omita nossa opinião e nossas vontades. Ajudar os outros, mas aprender a dizer "não" quando necessário. Abrir as portas do coração, mas também aprender a dizer adeus. Amar muito, mas sem criar dependência. Trabalhar com afinco, mas sem deixar os outros propósitos se esvaírem no esquecimento.

Imagine que o nosso equilíbrio, o nosso bem-estar, seja a coluna vertebral. Se estamos com algum desvio na coluna, não conseguimos levar ninguém nas costas, e, se forçarmos a barra, nos maltrataremos demais, e muitas vezes correndo o risco de não ter nosso esforço valorizado. Antes de oferecer qualquer ajuda ao próximo, precisamos alinhar nossa coluna, nos cuidar devidamente, para depois sermos capazes de carregar pessoas sem perder o equilíbrio e sem nos machucarmos.

Uma vida equilibrada cria autoestima, energia e alegria, e aí, sim, podemos dividir isso com os outros. A fragilidade emocional geralmente consiste em sustentar a autoestima sobre poucos pilares. Se você coloca toda a sua segurança no seu relacionamento ou na sua profissão, as chances de se sentir desorientado se esse pilar ruir são enormes. Precisamos estar apoiados em vários pilares: carreira, amigos, relação amorosa, família, projetos, hobbies, espiritualidade. Assim, caso um deles sofra uma queda desavisada, temos outros pilares para sustentar o equilíbrio do nosso amor-próprio.

EVITE COMPARAÇÕES

"Comparação é o ladrão da alegria."
– Theodore Roosevelt

O tempo todo fazemos comparações injustas, fazendo perguntas descabidas à nossa realidade: "Por que ele ganha mais que eu?", "Como ela é mais magra do que eu?", "Por que ele namora alguém e eu não?", "Como eu não consigo viajar e ela consegue?" Quase sadicamente, escolhemos um ponto fraco nosso e descartamos as variáveis, o tempo, as vivências, focando apenas no aspecto que nos interessa e que pode nos desestabilizar.

Quando eu começo a trabalhar em uma empresa e já fico ressentido por meu salário ser inferior ao de quem está lá há anos, estou fazendo uma comparação injusta, que não tem nada a me agregar. Quando eu, que faço pouca atividade física, julgo meu corpo inferior ao de alguém que é fisicamente ativo há anos, estou fazendo uma comparação injusta, sem levar em consideração a vida que escolhi levar. Da mesma forma, não faz sentido comparar relacionamentos ("fulana tá namorando há anos e eu não arrumo ninguém"), porque não sabemos o que aproximou os dois e o que os mantém unidos.

Há dois caminhos possíveis nas comparações: ou diminuímos o outro ou a nós mesmos. Ou nos depreciamos ("nunca vou conseguir fazer isso ou ser aquilo") ou depreciamos o outro ("assim é fácil..."). Comparações precisam ser feitas em relação a nosso próprio progresso e não ao dos outros. Comparações saudáveis são aquelas em que a gente se inspira, se motiva a crescer.

SEJA VERDADEIRO

> *"Falar a partir do coração nos liberta dos segredos que nos oprimem. São os segredos que nos adoecem e nos amedrontam. Dizer a verdade ajuda você a obter clareza sobre a autêntica direção do seu coração."*
>
> – Sara Paddison

A autenticidade e a sinceridade tiram um peso enorme das nossas costas. E contar – ou, em casos extremos, *gritar* ao mundo – o que sentimos diz muito sobre nós, e não sobre os outros: é reflexo da nossa capacidade de encarar a situação e de aceitar o que não se pode mudar. Quando dizemos o que sentimos, nos livramos de fantasmas emocionais que nos assombram e nos libertamos para seguir em frente – o que não é possível se temos situações mal resolvidas pairando em nossa cabeça. Situações mal resolvidas nos roubam muita energia vital e não contribuem para o equilíbrio. É como se você escondesse um tigre no seu quarto e quisesse fingir que nada está acontecendo.

Guardamos muitas coisas nesta vida, mas se tem uma coisa que não podemos guardar são os sentimentos. Eles precisam ser expressados no momento em que estão sendo sentidos. Por que dizer que amou, se você pode dizer que está amando? Fale, seja verdadeiro, pois viver sem verdade é sempre perda de tempo. Tentar se enganar, omitindo quem você é para si mesmo e para os outros, é um gasto de energia insustentável e dolorido demais. Nossa verdade, mesmo que nela haja dor ou medo da rejeição, precisa ser enfrentada antes que esses sentimentos ruins nos dominem por completo. Não dar a devida atenção às dores e situações adversas é permitir que se agigantem em silêncio. Acredite, é melhor encarar a dor de uma vez do que ir sofrendo aos poucos sem saber para onde você está indo.

Conexões profundas, que valem a pena, dependem da verdade, da autenticidade. Já pensou que, se você não está sendo verdadeiro consigo mesmo, pode estar se relacionando com alguém que também não é verdadeiro com você? É outra consequência natural de vivermos a nossa verdade, essa triagem de relações mais profundas e sinceras. Se você é verdadeiro consigo mesmo, é muito provável que se relacione com alguém que também é verdadeiro. A verdade sempre atrai. Muitas vezes ela pode doer quando encarada, mas traz a clareza necessária para vivermos em paz.

SEJA O HERÓI DA SUA JORNADA

"Tudo o que nos pede a história, os deuses, a natureza ou a fortuna – escolha a metáfora de sua preferência – é comparecer com a nossa verdade. Nossa verdade não é se encaixar, ser normal, imitar a vida de outra pessoa. Afinal, tudo isso já foi feito antes, então por que repeti-lo?"

– James Hollis

Qual é a sua jornada? O que você sente que deveria fazer, mas nunca realizou? Há algo do qual abre mão de ser por causa de alguém? Ora, se só você conhece as suas profundezas, seus enigmas, sofrimentos e alegrias, por que dar ouvidos aos julgamentos alheios? Ninguém sabe o que você passou, quanto sofreu ou foi feliz, quanto amou ou deixou de amar, quanto lutou, chorou, riu... Poucos sabem quem você realmente é – pois as pessoas que nos cercam nos veem através dos próprios filtros.

Cada um de nós tem uma jornada a seguir, um caminho, um objetivo na vida. Não importa como ele seja nem se envolve família ou um trabalho com remuneração acima da média, ou talvez um relacionamento duradouro com alguém ou com o mundo. Este objetivo só precisa de uma coisa: verdade. Nossa verdade precisa ser nosso melhor amigo, pois ela é o único sentimento que está sempre ao nosso lado, independentemente das adversidades que surgirem.

Quando você está imerso na sua jornada, preocupado com os próprios resultados e alegrias, você se compara menos com outros e não se preocupa tanto com as expectativas alheias. Quando você segue seu coração, a vida flui, as escolhas ficam mais leves. Ter que decidir sempre pensando no julgamento dos outros, sejam amigos, familiares ou colegas de trabalho, é cansativo demais.

Quando digo que você deve viver sua verdade, os outros não entram nessa decisão. Se você se aceita, o mundo aceita você, ou melhor, você não se preocupa se o mundo o aceita. Ser autêntico não é ter cem por cento de aprovação, é não buscar isso. Principalmente porque a busca por aprovação externa é um caminho espinhoso e infértil.

Ser herói da sua jornada significa tomar as rédeas da sua vida; significa reconhecer que você é o personagem principal, o agente de mudanças. Se tiver monstros para matar, mate-os (metaforicamente, ok? Sem ferir ninguém). Pode ser que a vida apresente muitos obstáculos, mas, como um herói, você tem sempre o poder de decidir: e agora? O que farei com isso? Use a sensibilidade, a coragem e o amor para dar seu próximo passo com sabedoria.

Se eu pudesse lhe dizer uma coisa olhando nos seus olhos, seria: corra atrás do que você sente que lhe pertence e não deixe ninguém podar as coisas bonitas que você carrega consigo. O que os outros falam são apenas palavras. Eles não sabem nada sobre você. Concentre-se na sua jornada, no que você escolheu para si, e siga firme em seu caminho, pois o tempo vai passar, quer você realize seus sonhos, quer não. Tenha calma, busque o equilíbrio e nunca deixe de falar o que sente, só saiba com quem dividir. Pode acreditar, ser verdadeiro consigo mesmo é a maneira mais bonita de se amar, de se respeitar, de ter conexões genuínas, profundas. Ser verdadeiro é estar preparado, todos os dias, para receber experiências e alegrias novas.

PALAVRAS FINAIS

Não é nenhum segredo que um dos meus filmes preferidos é *O profissional*, dirigido por Luc Besson e estrelado por Jean Reno e uma jovem Natalie Portman. Tenho até uma tatuagem dos personagens no braço direito, daquela cena em que eles caminham juntos em Manhattan levando uma planta embaixo do braço. O que poucos sabem é por que esse filme me toca tanto.

Para falar a verdade, eu mesmo nunca tinha parado para pensar nisso. Acho esse filme o máximo – a trama, a fotografia, os atores, tudo –, mas, depois da imersão para escrever este livro, percebi que muitos temas abordados aqui estão em *O profissional*, junto das incríveis cenas de ação e da violência catártica do cinema dos anos 1990.

No filme, Mathilda, uma adolescente que acaba de ter a família assassinada por policiais corruptos, é abrigada por Léon, um assassino de aluguel que mora no apartamento ao lado. Apesar de aparentemente muito diferentes – um homem adulto e uma menina, um estrangeiro e uma nova-iorquina –, eles criam um laço forte, familiar até. Ambos estão soltos no mundo, sem raízes, mas encontram nessa amizade improvável uma forma de resgatar a humanidade e a esperança. Nenhum dos dois é perfeito (longe disso), mas, quase soterrada pela dureza da vida, do azar de seus destinos e do perigo que os cerca, uma inocência ainda pulsa: é o que se vê na cena em que eles tomam leite na mesa da cozinha e na outra em que cuidam de uma planta com o maior carinho do mundo. Mathilda e Léon, inseridos em um mundo caótico, conseguem ser vulneráveis um com o outro e, assim, criam um laço transformador e transcendente. Podemos até interpretar o final do filme (calma, não vou dar spoiler!) como uma mensagem de esperança, em que o velho jeito de fazer as coisas – violento, corrupto – é vencido pelo novo: a vulnerabilidade, a conexão entre imperfeitos.

Talvez eu esteja enxergando vulnerabilidade em tudo (é bem provável), mas, verdade seja dita, em muitas histórias que já tive o prazer de escutar, seja olho no olho ou virtualmente, percebo como muito sofrimento poderia ter sido evitado se algum dos envolvidos tivesse tido a coragem de se abrir um pouco mais. Quantas oportunidades já foram perdidas pelo medo da rejeição, pela necessidade de aprovação alheia, por vergonha de revelar sentimentos, pela pressa em fugir da dor? Onde estão os agentes corruptos e violentos na nossa vida, matando o que mais amamos em nome de valores que não nos representam?

Neste livro, me propus a falar sobre assuntos que considero universais: o medo da rejeição, a busca por aprovação, o anseio por relacionamentos profundos e o desejo de viver de forma autêntica e verdadeira que não deve ficar enterrado sob tantos medos. Para isso, não tive como deixar de falar de mim, de experiências que vivenciei, seja com os olhos ou com o coração – lembranças íntimas, mágoas e traumas que demorei anos para superar –, e, principalmente, sobre como passei a enxergar algumas dessas situações sob uma ótica mais otimista.

Relembrar aquele bilhete que mandei para meu colega de classe lá em Blumenau, que nunca teve resposta, me deu uma sensação agridoce: por um lado, revivi o sentimento apertado de solidão da infância, da perda do meu pai, das consequências ruins da introversão e de todas as outras sensações negativas que experimentei na adolescência por conta do sentimento de inadequação e do medo de ser rejeitado. Por outro, percebi como eu já tinha todos os recursos de que precisava para encarar grande parte das dificuldades da vida. Eu tinha criatividade, coragem e atitude. E eu aposto que você também tem.

Com o passar do tempo, perdemos a bravura inocente de quando éramos crianças, e às vezes também o otimismo. Comigo não foi diferente. Precisei de muito tempo para trabalhar todas essas questões e expô-las aqui, para você. Abrir-se e deixar seus traumas fazerem parte de, literalmente, um livro aberto, não é fácil, mas é libertador. Encarar meu passado e perceber que ele se assemelha ao de muitas pessoas – e saber que com isso podemos evoluir juntos – dá vida e sentido ao meu trabalho. Nestas páginas encarei perdas que sofri, relações que não me faziam bem e que tive que desancorar, além de muitos passos que dei para encontrar parte do meu caminho. Até porque essa atitude – de escrever um livro e se expor – não deixa de ser um passo para experimentar, ainda mais, a vulnerabilidade, não é mesmo?

Apesar de muitos avanços sociais – afinal, temos muito mais liberdade para seguir o coração e buscar caminhos diferentes dos que nossos pais e avós tomaram –, ainda sofremos demais com as pressões internas e externas. E toda essa pressão muitas vezes nos faz desviar do nosso caminho. Existe uma enorme e injusta obrigação de ser bem-sucedido, repleto de amigos e constantemente feliz, como se esse fosse o único trajeto a seguir e como se fosse possível ser plenamente realizado em todos os aspectos. Se você é homem, dizem que você precisa ser independente, não demonstrar sentimentos, ser viril, ganhar bem e mostrar ao mundo seu sucesso. Se você é mulher, tem que ser inteligente, bonita, amorosa, delicada, boa namorada (e esposa, e mãe, e filha, e amiga, e irmã, e amante, etc.) e também arrasar profissionalmente. São cobranças machistas e exaustivas para pessoas comuns porém únicas, como a maioria de nós.

E olha que nem entrei em pressões mais sutis, aquelas exercidas pela família, pela escola, por amigos, pela religião e outros grupos. Na minha família havia certa pressão para que eu seguisse um caminho profissional tradicional, que se traduziria em conforto financeiro e status. Em outras famílias, pode haver uma expectativa de seguir um caminho acadêmico, militar, religioso ou mesmo artístico. Outras vezes, o grupo dita quem podemos amar e como devemos nos expressar.

Internalizamos algumas coisas que aprendemos com pessoas que exercem influência sobre nós e as aceitamos como verdade absoluta, muitas vezes sem nos questionar ou perceber, e depois esses critérios viram algemas que nos prendem a algo que nem sabemos ao certo o que é! Tradição? Expectativa familiar? Respeito? Segurança? Pensamento tribal? Mas será que isso vai trazer nossa felicidade ou nos levar ao nosso propósito? Será que esses dogmas nos fazem bem, nos orientando e criando uma moral coerente em nós, ou somente nos cegam e nos condicionam a abrir mão de uma parte importante e verdadeira de quem somos? Para onde estamos realmente indo?

Com tantas pressões externas, que lentamente vão se solidificando em cobranças internas, é uma tarefa complicada dar ouvidos àquela voz interior que mencionei no último capítulo. É a voz da nossa alma, do que somente nós sentimos como verdade, do melhor amigo que habita em nós. Precisamos aprender a silenciar os outros ruídos – nossas inseguranças, as expectativas alheias, o ditador interior que colecionou, durante anos, regras e ideias falsas sobre como viver e por quê.

A vulnerabilidade é um caminho para isso. Se estamos vulneráveis, é porque estamos em busca de algo maior; tem algo ali dentro querendo se expressar, querendo se conectar com situações mais profundas. Em vez de fugir para o conforto, onde não há nada de novo por vivenciar, nada que crie beleza e entusiasmo, corra atrás daquele frio na barriga, daquele assustador e antagônico medo de ser feliz, daquela montanha que parece muito alta, daquele beijo que parece impossível, daquele objetivo que soa inalcançável, mas que claramente faz parte de você. Não deixe de viver por medo. Permita-se levar pela promessa de uma experiência maravilhosa. Viva, se entregue, fale, sorria, divida afeto. Tudo isso por você, não pelos outros, pois a sua vulnerabilidade expande a sua capacidade de amar e de viver de forma mais plena.

A sensibilidade também é importante. Procure perceber os sinais que os outros distribuem, sinta-os e aceite que, para se conectar, você precisa se conectar consigo mesmo. Permita-se sentir, confie na sua essência e escute: perceba a voz sutil da intuição, o olhar daquela pessoa que está ao seu lado aguardando o seu sorriso, o breve espaço entre aquilo de que o mundo precisa e o que você é capaz de dar. A sensibilidade para se conhecer melhor e identificar situações em que você pode se abrir de verdade aos outros, criando conexões verdadeiras e profundas – e também quando é melhor ficar na sua e se resguardar. A sensibilidade é a porta para perceber a verdade nas pessoas e situações.

Além disso, a autoaceitação é imprescindível. Aceitar não é ser passivo. Pelo contrário, aceitar a si mesmo e as circunstâncias da vida requer muito esforço. Você pode ter passado por coisas ruins, até mesmo traumáticas.

Não negue-as nem fuja disso. Aceite, encare e use tudo que viveu para se fortalecer, para perceber a coragem que você carrega consigo. Aceitar não significa ficar inerte, mas saber onde está pisando para dar passos mais certeiros em direção aonde se quer chegar. Nem sempre é somente sobre o que você viveu ou passou. Às vezes também é sobre onde você avistou uma fresta de esperança.

Por fim, tenha coragem para, primeiro, escutar sua voz interior e, depois, dar os passos que levarão ao seu destino, aquele lugar para onde sua alma quer levar você. Talvez o primeiro passo seja algo tão simples quanto um sorriso. Um sorriso em uma ponte para conectar pessoas.

SUGESTÕES DE LIVROS E OUTRAS MÍDIAS

SE VOCÊ QUISER SE APROFUNDAR ainda mais nos temas deste livro, recomendo explorar os conteúdos e contribuições dos seguintes autores e pensadores:

BRENÉ BROWN
Assistente social, professora, pesquisadora e palestrante, Brené Brown é especialista nos seguintes temas: vulnerabilidade, vergonha, coragem e empatia.

Livros
A coragem de ser imperfeito (Sextante)

Mais forte do que nunca (Sextante)

Audiovisual
TED Talk: O poder da vulnerabilidade
Palestra na Netflix: The Call to Courage (O chamado à coragem)

Elisabeth Kübler-Ross
Essa psiquiatra suíça que morreu em 2004 é considerada uma das maiores especialistas em luto. Foi ela quem revelou os cinco estágios do luto.

Livro
Sobre a morte e o morrer (WMF Martins Fontes)
A roda da vida (Sextante)

Elaine Aron
Psicóloga clínica e professora universitária, Elaine se tornou uma das maiores especialistas em sensibilidade e cunhou o termo "pessoas altamente sensíveis".

Livro
Use a sensibilidade a seu favor: Pessoas altamente sensíveis (Gente)

Jia Jiang
Para vencer o medo paralisante que tinha, Jia Jiang fez um experimento pessoal e tornou-se uma referência sobre rejeição.

> Livro
> *Sem medo da rejeição* (Benvirá)

> Audiovisual
> TED Talk: O que aprendi com 100 dias de rejeição

Kristin Neff
Além de professora e pesquisadora, Kristin Neff é budista e defensora do conceito da autocompaixão.

> Livro
> *Autocompaixão: Pare de se torturar e deixe a insegurança para trás* (Lúcida Letra)

> Audiovisual
> TED Talk: Como desenvolver a autocompaixão?

Roman Krznaric

Filósofo e escritor especialista em empatia. Cunhou o termo "outrospecção", que seria um antídoto para a falta de empatia e o egoísmo.

> Livro
> *O poder da empatia: A arte de se colocar no lugar do outro para transformar o mundo* (Zahar)

Will Storr

Esse premiado jornalista britânico resolveu investigar, entre outras coisas, o autocentrismo nas pessoas na sociedade ocidental atual.

> Livro
> *Selfie: How the West became self-obsessed* (Picador) – sem tradução no Brasil.

CONHEÇA OUTRO TÍTULO DE FRED ELBONI

Você e outros pensamentos que provocam arrepio

Você e outros pensamentos que provocam arrepio traz 50 crônicas que retratam as relações amorosas com sensibilidade e irreverência.

Profundo conhecedor da alma feminina, Fred Elboni já vendeu cerca de 200 mil exemplares. Agora, em seu sexto livro, ele revela seu amadurecimento como escritor num prazeroso diálogo que desafia as mulheres a encontrarem a própria liberdade, buscando dentro de si o poder e a coragem de se despir de seus medos, pudores, preconceitos e inseguranças.

Com uma linguagem leve e sexy, Fred apresenta pequenos flashs do cotidiano em deliciosos textos sobre paixão, sexo, encontros casuais, saudade, intimidade e afeto, explorando as múltiplas e imprevisíveis maneiras de experimentar o amor – e a si mesmo.

Impressão e Acabamento | Gráfica Viena
Todo papel desta obra possui certificação FSC® do fabricante.
Produzido conforme melhores práticas de gestão ambiental (ISO 14001)
www.graficaviena.com.br